SANS PÈRE ET SANS PAROLE

DU MÊME AUTEUR

L'Ange et le Fantôme, introduction à la clinique de l'impensé généalogique. Préface de Françoise Dolto, Paris, éditions de Minuit, 1985.

Hantise et Clinique de l'Autre, Paris, Aubier, 1989.

La Sexualité masculine, Paris, Albin Michel, 1990.

Question de Numéro 108 : Chamanisme et Psychothérapie, Paris, Albin Michel, 1997.

Sons, Lovers and Fathers, Jason Aronson Inc., Northvale, New Jersey, 1997.

« L'image inconsciente du corps dans la mobilité corporelle et sexuelle de l'esprit », *in Françoise Dolto : c'est la parole qui fait vivre*, sous la direction de Willy Barral, Paris, Gallimard, 1999.

DIDIER DUMAS

SANS PÈRE ET SANS PAROLE

La place du père dans l'équilibre de l'enfant

HACHETTE
Littératures

74, rue Bonaparte – 75006 Paris

Avant-propos

Tous les cliniciens d'enfants constatent que les enfants attendus et désirés par un homme se développent mieux que ceux qui, conçus à leur insu, ont été reconnus par la suite. Encore faut-il pouvoir le dire, en tirer les conséquences et l'expliquer aux parents. Un enfant n'est pas seulement le produit des deux cellules qui se sont rencontrées dans le corps de sa mère. Il est tout d'abord celui des paroles, des désirs et des fantasmes qui ont permis à ces deux cellules de se rencontrer. La psychanalyse des adultes le met quotidiennement en lumière : la façon dont nos parents nous ont pensés, désirés ou fantasmés détermine beaucoup plus ce que nous sommes que l'acte sexuel qui nous a donné corps. Mais alors que les psychanalystes sont unanimes pour affirmer que l'équilibre mental de l'enfant dépend, au premier chef, des liens qui le relient à son père, au niveau de son statut social, de sa garde, de ses droits et de sa tutelle, cette dimension première de sa santé est quotidiennement déniée. La santé mentale de l'enfant est indissociable de son droit à dépendre d'un autre tuteurage que celui de sa mère. Ce droit devrait donc être inaliénable, alors qu'il est bafoué de toutes parts – tout autant dans la quotidienneté des pratiques judiciaires et médicales que dans la pédagogie, la psychologie scolaire et l'assistanat social ; si ce n'est, chose plus grave, par les parents eux-mêmes.

Tel est le premier point que vise à éclairer ce livre qui s'adresse tout d'abord aux parents et aux professions prenant en charge la santé de l'enfant. J'y reprends les travaux d'un certain nombre d'auteurs, sociologues ou cliniciens – Evelyne

Sullerot, Aldo Naouri, Geneviève Delaisi de Parseval et Christiane Olivier –, qui ont traité de la question du père avant moi. J'ai voulu souligner l'importance de ces travaux en y apportant ma contribution personnelle et en m'efforçant d'écrire, comme ces auteurs, dans des termes accessibles à tous. Je ne pouvais cependant le faire sans expliquer en quoi la psychanalyse de l'enfant demande une certaine remise en cause de la théorie freudienne. Freud n'a lui-même analysé qu'un seul enfant, sa fille Anna. A une époque où l'on entend dire, un peu partout, que le statut paternel est en plein dépérissement, les thérapeutes d'enfants ne peuvent plus continuer à faire semblant d'ignorer que la psychanalyse ne s'est pas constituée à partir de l'écoute des enfants, mais à partir de celle des adultes.

La prise en charge thérapeutique de l'enfant est, en ce sens, un art beaucoup plus délicat que celle de l'adulte. Elle exige, d'une façon plus cruciale, que l'on se défasse des « scories infantiles » qui accompagnent toute théorie naissante. Dans le registre spirituel et mental qui est celui de la psychanalyse, on ne peut, de surcroît, pas plus aider un enfant que son père et sa mère si l'on n'adopte pas une conception transgénérationnelle de l'inconscient, laquelle n'existe ni chez Freud ni chez Lacan.

L'enfant est non seulement le produit des idées avec lesquelles ses parents l'ont rêvé, attendu et pensé, mais il est aussi inévitablement marqué par la façon dont ses grands-parents se sont eux-mêmes comportés dans l'enfance de ses parents. Tel est le second point sur lequel ce livre tente d'apporter un éclairage. J'y explique la théorie de l'inconscient qui guide mon travail, telle que je l'ai exposée dans mes deux premiers livres, mais en la traitant ici d'une façon différente, moins théorique, et en la présentant sous un jour plus quotidien.

La construction mentale de l'enfant ne dépend pas plus du père que de la mère. Elle dépend de ce qui se passe entre eux deux, c'est-à-dire du discours par lequel ils assument ensemble la responsabilité de l'enfant, et cela quels que soient leurs liens maritaux. Il est donc aussi absurde de croire que le père puisse exister sans la mère que de penser que la mère puisse exister sans le père. Or, un jour, au cours d'une réunion de travail où je venais d'expliquer en quoi les structures mentales du père occupent dans la construction psychique de l'enfant une place aussi importante que celle de l'utérus maternel dans la construction de son corps, une amie thérapeute me demanda : « Mais comment peux-tu savoir cela, alors que tu n'as pas eu de père ? » J'en restai bouche bée, incapable de répondre.

Mon père ayant assez vite sombré après ma naissance dans une passion schizophrénique de la solitude totale, la question ne manquait pas de pertinence. J'aurais pu lui répondre que je l'avais appris dans mon analyse personnelle. Or, celle-ci a commencé à l'âge de 11 ans. Longue et chaotique, elle a impliqué cinq analystes et en a mis un certain nombre en échec. De plus, au regard de l'âge où je l'ai rencontré, le milieu analytique était pour moi d'autant plus pathogène qu'il avait été un substitut familial. Si donc, ayant souffert de choses graves, je peux estimer aujourd'hui que la psychanalyse m'a définitivement guéri du mal de vivre, je n'ai pas le sentiment de le devoir à mes analystes, mais plutôt à la radicalité avec laquelle il m'a fallu me sevrer de mon milieu professionnel. Car, dans la mesure où elles refusent de prendre en compte la dimension transgénérationnelle de l'inconscient, les normes institutionnelles, les croyances dogmatiques et les appartenances d'école de toutes les institutions de formation des psychanalystes font que ceux-ci se retrouvent obligatoirement plus mal analysés que leurs clients.

Dans la dédicace de mon premier livre, *L'Ange et le Fantôme*, je laissais déjà entendre que je ne devais d'avoir trouvé la force de poursuivre ma propre psychanalyse ni à l'œuvre de Freud ni à celle de Lacan, mais que cette énergie m'avait été donnée, d'une part, par les enfants fous de l'hôpital où j'ai longuement travaillé et, d'autre part, par mes fils et leur mère. C'est la stricte vérité. C'est aussi la seule chose que, le lendemain, je trouvai à répondre à la question posée par cette amie thérapeute. Sur la question du père, les enfants psychotiques, mes deux fils et ma femme ont été mes seuls vrais enseignants.

En me montrant beaucoup plus radicalement que tous mes clients les profondes lacunes de la théorie freudienne, les enfants psychotiques m'ont aidé à poursuivre mon travail d'analysant, là où la complaisance de mes analystes à se gargariser de théories inconsistantes me donnait plutôt envie de les fuir. On comprendra la dette que j'ai à leur égard. De plus, ces enfants m'ayant dépouillé de toutes les parures dans lesquelles se drapent habituellement les pères freudiens, à la naissance de mon premier fils, je ne savais absolument plus rien de ce que j'avais appris sur les bancs d'une école de psychanalyse. Il ne me restait que l'art et le goût de parler aux bébés, que mon travail à l'hôpital avait, au contraire, fortifié. Dire que, dès lors, mes enfants m'ont tout appris de ce qu'est le père n'est pas un vain mot. Et, si cela fait déjà plus de quinze ans que leur mère m'incite à écrire ce livre, force m'est, aujourd'hui, de reconnaître que je n'ai pu m'y résoudre avant d'avoir eu la joie de les découvrir adultes.

I

ETAT DES LIEUX DE LA PATERNITÉ DANS UNE EUROPE EN CONSTRUCTION

Mais où sont donc passés les pères ?

Septembre 1994.

« Je crois que si mon père mourait, déclare Marie d'un rire jaune, je ne verserais pas une larme. En dehors des coups, je n'ai jamais eu aucun rapport avec lui. Avec mes frères, lorsqu'il frappait, nous nous forcions à rire. Il frappait de plus belle. Ça nous était égal. En riant, on ne sentait plus la douleur ! »

Allongée sur mon divan, cette femme qui évoque son enfance en continuant à en rire n'a pas pour autant éliminé ce « père Martinet » de ses structures mentales. Ce n'est pas un hasard si Marie a choisi un homme comme thérapeute. Elle a entrepris une psychanalyse avec l'espoir de se défaire d'une fantasmagorie fortement masochiste. Elle n'est pas réellement frigide, mais elle ne peut atteindre l'orgasme sans faire appel à des fantasmes dans lesquels elle s'imagine attachée à un lit et violemment fouettée par celui qu'elle aime. Et si, passant du rire aux larmes, elle injurie plus souvent sa mère que son père, c'est qu'étant femme elle redoute de répéter avec ses enfants ce qu'a fait sa mère avec elle, en lui transmettant une conception du sexe masculin qui le réduit à un vulgaire martinet.

« Nous n'existions pas ! » me dit un autre, d'un ton oscillant entre la rage et le désespoir. « Il n'y en avait que pour lui. "Suzanne, ma chemise !" "Suzanne, mes chaussettes !" "Suzanne, mes boutons de manchettes !" Tous les matins, je l'entendais brailler ainsi. Sa peau blanche et flasque me dégoûtait ! J'ai toujours vu mon père comme un gros bébé laiteux, insupportable et capricieux ! »

Jean-Baptiste est homosexuel et me consulte pour pouvoir assumer sa séropositivité. Ecrasé par une mère autoritaire et décidant de tout, portant en lui comme une horreur la vision de ce « père Bébé », Jean-Baptiste serait certainement mort s'il n'avait passé sa vie à essayer de réparer l'image du père en s'occupant des autres.

« Ce n'est même pas de sexualité dont on ne peut pas parler avec mon père, c'est de sa femme !... Ma mère est pour lui aussi intouchable que l'Eglise ! » me déclare le troisième client de cette journée.

Paul a entrepris une psychanalyse en se plaignant « de ne jamais avoir pu se sentir vraiment exister ». Elevé par une robuste femme que son pieux époux laissa régner en maître sur un territoire asexué, il fut un élève brillant qui, répondant au désir de sa mère, collectionna les diplômes. Mais, à l'âge adulte, cet homme apparemment surdoué se retrouve incapable de choisir un métier. Aussi présent que vif et intelligent lorsqu'un ami le sollicite, il est, dès qu'il se retrouve seul, paralysé par une sourde angoisse qui lui interdit de prendre toute décision personnelle. Paul souffre en silence. Il a toujours peur d'encombrer les autres et, en premier lieu, son analyste. C'est néanmoins la façon dont il rend compte de l'angoissant vide où l'a laissé un « père Tout-à-Dieu ».

Marie souffre d'un père qui ne peut exister que dans la violence phallique, Jean-Baptiste et Paul de pères se réduisant à une peau de chagrin face à la royauté où ils installent le maternel. Marie est en fin de compte la mieux lotie des trois. Le sait-elle ? Elle est en tout cas la seule des trois à trouver la force d'en rire.

Depuis plus de deux décennies que la vie a fait de moi un « écouteur public », prêtant oreille aux cris, aux pleurs et à toutes les formes de souffrances impossibles à digérer, à travers la très grande diversité des propos que l'on m'adresse, je n'entends qu'un seul et même son de cloche revenant avec la répétition lancinante d'un refrain aux paroles depuis longtemps usées : « Mais où sont donc passés les pères ? »

Père Martinet, père Eglise, père Bébé, père Meurtri, père Bureau, père Porte-Monnaie, père Absent, père Jamais-Libre. Il n'existe en vérité qu'un seul dénominateur commun à la parole de tous ceux, adultes et enfants, qui, dans nos sociétés avancées, consultent ces « nouveaux sorciers » que sont les psychanalystes. Un seul dénominateur commun que résume assez bien l'un des propos de Marie : « Comment voulez-vous être un tant soit peu légère dans une société où nous souffrons tous d'un trop de mère savamment pimenté à l'absence des pères ? »

Trop de mère, pas assez de père ! Voilà, du point de vue de Marie, la clef de tous nos tourments. Or, la question ainsi posée dans mon bureau me paraît à ce point grave, sérieuse et importante qu'il vaut mieux, comme elle, l'aborder en riant.

« Croyez-vous que Freud les ait tous mangés ? » ajouta-t-elle alors.

Des paroles qui ne seraient probablement tombées dans mes oreilles que pour rire si le client suivant, un biologiste ayant passé la quarantaine, me consultant pour les angoisses que crée chez lui le désir de faire un enfant avec la femme qu'il aime, n'avait ouvert la séance en déclarant :

« Eh bien, maintenant, je sais que ce n'est pas de votre côté que je trouverai l'envie de faire un enfant à Josiane !

Le silence de plomb qui s'ensuivit me força à lui demander de m'en dire un peu plus.

– Je viens de terminer le livre d'un de vos semblables. J'ai tout appris du père, mais, maintenant, je me demande aussi très sérieusement ce que je fous ici à vous engraisser !

Il semblait être dans une telle colère que j'attendis quelques instants avant d'arguer que le raccourci de ses propos était insuffisant à mon entendement.

– Si être père consiste à n'être qu'un pion de service ! Ne servir à rien d'autre que d'empêcher l'enfant de s'identifier au phallus imaginaire de sa maman, comme l'écrit votre collègue ! N'être à ses yeux que celui qui interdit, frustre et brandit le martinet au nom de votre sacro-sainte castration ! Il me semble qu'en frappant à votre porte, je me suis trompé d'adresse. Quel est donc l'homme qui pourrait désirer être père en s'engageant sur un tel programme ! »

Il ne dit plus un mot. Moi non plus. J'ignorais tout de ce livre.

Ayant néanmoins perçu qu'il s'agissait d'une lacune qu'il me fallait combler, si je voulais permettre à cet homme de donner suite à son travail avec moi, je passai chez mon libraire me le procurer. L'ouvrage qui m'avait valu cette inattendue douche glacée s'intitulait *Le Père et sa Fonction en psychanalyse* [1]. Il n'avait à première vue rien de très choquant, si ce n'est ses propres limites. Ne présentant de son sujet qu'une seule option théorique et adressé, de ce fait, à un milieu assez restreint, il ne se démarquait guère de l'ordinaire que présente en ce domaine la littérature psychanalytique. Or voilà justement ce qui avait mis mon client dans un tel état. S'adressant à ses élèves, l'auteur n'avait pas soupçonné que des profanes, alléchés par son titre, puissent espérer y trouver le fondement du désir paternel. Sous cet angle, force m'était de reconnaître que le livre ne semblait viser qu'un but : dégoûter à tout jamais les hommes du désir d'endosser les traits de ce « bienveillant castrateur » sous lesquels y était présenté le père.

Marie m'avait demandé : « Croyez-vous que Freud les ait tous mangés ? »

Mais non, Marie ! La question est autrement plus grave ! Elle implique toute notre évolution sociale. Toute notre culture. Des journaux, des livres, des revues tentent chaque année d'alerter les familles de l'urgence de cette question : « Mais où sont donc passés les pères ? »

Lisez : « La déroute des pères ! », « La débâcle des pères ! », « La défaite des pères ! »

« En trente ans, avancées juridiques et progrès scientifiques

1. Joël Dort, *Le Père et sa Fonction en psychanalyse*, Point Hors Ligne, 1989.

se sont ligués pour précipiter la déroute des pères [1]. » « Aujourd'hui, ce sont des millions d'enfants qui sont séparés ou privés de leur père [2]. » « Le divorce est demandé à 75 % par la femme et, dans 54 % des cas, le père disparaît [3]. » « Le cercle familial serait désormais celui des pères disparus [4]. » « Sociologues, démographes, pédiatres, juristes constatent, inquiets, la “débâcle”, voire la “décapitation” des pères, tandis que se profile l'avènement de la famille monoparentale, dirigée par une “mère-père” qui estime n'avoir plus besoin d'eux [5]. » « Rien actuellement ne peut assurer l'homme d'être le père et surtout de le rester. Ni le mariage, dont la rupture par le divorce entraîne l'attribution de la garde de l'enfant à la mère dans la plupart des cas, ni le concubinage, qui donne à la seule femme le droit de reconnaître l'enfant et de lui attribuer ou non un père [6] ! » « Que reste-t-il du père. Du *Pater familias* omniprésent de jadis, pas grand-chose [7]. » « Terrassé en trois décennies par l'alliance du féminisme, de la pilule et de l'esprit procédurier [8] ! »

La dissolution du statut paternel au cours des trente dernières années

Une place pour le père [9], *La Part du père* [10], *Le Père : acte de naissance* [11], *Les pères aussi ont une histoire* [12], *Père man-*

1. Jean-Jacques Bozonnet, « Portraits de famille : la déroute des pères », *Le Monde*, 21 sept. 94.
2. Evelyne Sullerot, *Quels pères ? Quels fils ?*, Fayard, 1992, p. 86.
3. Revue *Population et Avenir*, INED, n° 587, p. 10.
4. Jean-Claude Guillebaud, « La défaite des pères », *Le Nouvel Observateur*, 10-16 mars 94.
5. Tessa Ivascu, *Marie-Claire*, avril 92.
6. Christiane Olivier, *Les Fils d'Oreste ou la Question du père*, Flammarion, 1994, p. 45.
7. Jean-Jacques Bozonnet, *op. cit.*
8. Jean-Claude Guillebaud, *op. cit.*
9. Aldo Naouri, Seuil, 1982.
10. Geneviève Delaisi de Parseval, Seuil, 1981.
11. Bernard This, Seuil, 1980.
12. Yvonne Knibiehler, Hachette, 1987.

quant, fils manqué[1], *Les Fils d'Oreste ou la Question du père*[2], *Quels pères ? Quels fils ?*[3], *Le père, à quoi ça sert ?*[4], *Histoire des pères et de la paternité*[5]. Les livres s'empilent sur mon bureau... Lequel prendre ?... Un de ceux que je souhaite relire ou en ouvrir un autre ?

Tout d'abord se donner une idée claire de cette soudaine disparition du père dans les sociétés qui passent pour les plus évoluées de la planète.

Que s'est-il passé dans notre confortable Europe en construction pour que l'on y entende un peu partout crier à la désertion des pères ? Comment le père s'est-il dissous, effacé ? Comment s'est-il peu à peu réduit à une ombre discrète, un simple rôle de porte-billets, de prête-nom ou de soutien du maternel qui, l'éclaboussant de son rayonnement, n'a lui jamais à ce point régné sous l'œil attendri des prêtres, des juges, des médias, des médecins, des assistantes sociales et autres instances concernées par la tenue de nos mœurs ?

Projetons-nous quelque temps en arrière.

La fin de la Seconde Guerre mondiale voit éclore une frénésie d'amour. Les courbes de natalité atteignent des sommets. On se marie à tour de bras, de plus en plus vite et de plus en plus jeune. Un *baby boom* explose dans toute l'Europe. C'est l'époque des « adolescents mariés », des premiers pères à l'être avant même d'avoir fini leurs études. C'est aussi celle où apparaît le terme de « couple » qui détrône celui de « ménage ». On ne se met plus en ménage. On veut former un couple, un vrai, une union de sentiments sincères et réciproques, une relation basée sur autre chose que la convenance. La vie est encore difficile. Le gaz et l'électricité n'ont pas encore détrôné le bois et le charbon. Les hommes travaillent

1. Guy Corneau, Editions de l'Homme, 1989.
2. Christiane Olivier, Flammarion, 1994.
3. Evelyne Sullerot, *op. cit.*
4. Simone et Moussa Nabati, Editions Jouvence, 1994.
5. Sous la direction de Jean Delumeau et Daniel Roche, Larousse, 1990.

dur, les femmes sont absorbées par les tâches ménagères et l'éducation des enfants. Quant au statut du père, il n'a pas bougé depuis Napoléon. Son rôle est clairement énoncé au fronton de toutes les lois du monde occidental. Assumant la charge de sa famille, c'est lui qui fait, décide et assume la tutelle de ses enfants. Cette génération d'après-guerre se caractérise donc, pour Evelyne Sullerot[1], par un mariage précoce, trois enfants en moyenne, et très peu de divorces. Pas plus d'un sur dix.

Cette idéalisation du couple et de la famille dure une vingtaine d'années, au-delà desquelles l'évolution des mœurs prend un virage inattendu. A partir de 1964, les taux de natalité sont en chute libre dans tous les pays d'Europe, tant dans les contrées nordiques que latines, les régimes libéraux que les pays de l'Est, les populations protestantes que catholiques. En moins de trois ans, la natalité baisse de un à deux enfants par milliers d'habitants dans toute l'Europe.

D'où cela provient-il ? De la pilule contraceptive ?

Pas du tout ! Bien que cette génération soit celle qui va commencer à réellement en profiter, la pilule n'est pas encore vraiment autorisée. Seule une très petite minorité de femmes en dispose au moment où s'amorce cette brutale chute des naissances. La seule chose que permettent de percevoir les statistiques est un mouvement se propageant en ondes progressives qui, partant de Suède, se répand du Nord au Sud, du Danemark à la France et l'Angleterre, de là à l'Italie et, plus tardivement, vers l'Espagne et le Portugal.

« Rien ne s'est produit, écrit Evelyne Sullerot, qui puisse expliquer une inflexion si nette. La France en a enfin fini avec ses guerres coloniales, ruineuses et démoralisantes, l'Angleterre sort de sa crise, l'Allemagne, regonflée par le plan Marshall et reconstruite, court à grandes guides vers la prospérité, l'Italie vit son “miracle économique”, les Portugais qui viennent en France et les Yougoslaves qui vont en Allemagne chercher du travail en trouvent. Partout les niveaux de vie

1. Evelyne Sullerot, *op. cit.*

s'élèvent très vite. Rien n'annonce un "changement de période" [...][1]. »

Rien ?

Mais si ! Me dis-je. L'adolescence, l'arrivée à maturité sexuelle de la génération suivante ! Et pas n'importe quelle génération, une génération d'enfants dont la guerre a retardé la venue, une génération conçue dans l'ivresse de la victoire.

Tout à la joie de cette découverte, je m'adresse à Zazouchka, la mère de mes enfants :

« Passionnant le bouquin d'Evelyne Sullerot ! Bien qu'elle ne prenne pas les choses sous l'angle du transgénérationnel, son livre présente tous les éléments qui permettent de faire la généalogie de notre histoire des mœurs.

Surplombant un large sourire, les grands yeux de Zazouchka m'interrogent. J'ajoute :

– Savais-tu que nous appartenons tous deux à la génération qui a connu le bouleversement le plus radical de toute l'histoire des mœurs du monde occidental ?

Voilà qui la fait rire :

– Aurais-tu enfin trouvé la raison de l'écrire, ce livre sur le père ? »

De cela, je n'en suis pas encore sûr.

Zazouchka est gynécologue et acupuncteur. Pendant des années, elle m'a dit : « Ecris donc un livre sur le père ! Ne vois-tu pas les aberrations qui se disent un peu partout ! Dans les journaux, les centres pour enfants, la pédagogie scolaire et le quotidien des familles ! »

Pendant des années, je lui ai répondu : « Mais Freud et Lacan en ont déjà traité ! Le père est au centre de la théorie freudienne. Il y occupe même souvent beaucoup trop de place. Ce qui manque, c'est une théorie du maternel qui puisse permettre de penser la mère autrement que toute bonne ou toute mauvaise ! »

Pendant des années, elle m'a rétorqué : « Mais les mères, au moins, elles consultent ! Les pères, combien de coups de

1. Evelyne Sullerot, *op. cit.*, p. 94.

téléphone te faut-il passer pour obtenir qu'ils se déplacent ? Et comment veux-tu qu'ils puissent avoir envie de le faire ? Ne crois-tu pas qu'ils pâlissent d'effroi rien qu'à l'idée de devoir se coltiner vos élucubrations sur l'œdipe et la castration !

– Tu exagères, ce sont tout de même là des notions qui aident un peu les thérapeutes à travailler.

– Qui les aident un peu ! Est-ce avec des "un peu" que l'on prend en charge la santé des enfants ! »

Et pendant des années, en secret, je me suis demandé : « La femme peut-elle comprendre qu'il soit douloureux à l'homme de devoir affronter que son Maître, son Père, celui qui lui a donné jusqu'aux mots dans lesquels il s'exprime, puisse s'être tout bonnement trompé à l'endroit précis où tous ont trouvé à le vénérer ? »

Et maintenant ?

Je répugne toujours à y penser. Mais surtout dans l'immédiat, je n'ai qu'une envie : expliquer à Zazouchka comment, en appliquant ma conception du transgénérationnel à ce que m'a appris le livre d'Evelyne Sullerot, me voilà en mesure de lui architecturer la « généalogie de notre histoire des mœurs ».

A la seconde génération d'après-guerre, non seulement la natalité tombe en flèche, mais l'institution du mariage se met très vite, elle aussi, à dépérir. C'est encore en Suède que s'amorce la vague en faveur de l'union libre qui déferle sur l'Europe. Dès 1966 on y constate une diminution des mariages de près de 40 % qui, en sept ans, atteindra les 80 % chez les plus jeunes.

Dans tout les pays d'Europe, les hommes adoptent une attitude inverse à celle de leurs pères. Ils se marient de plus en plus tard et la proportion de célibataires s'accroît d'année en année. Est-ce à eux que revient cette baisse de la natalité, se demandent les statisticiens ?

Pas du tout. Les femmes sont à l'avant-garde de cet engouement nouveau pour l'union libre. Elles rejettent aussi catégoriquement que les hommes les modèles de la génération précédente et, en premier, l'image de la femme attentive et soumise, moitié de son époux dans l'unité d'un couple uni et stable, qui soutenait les idéaux de jeunesse de leurs mères. Les temps ont changé. Les filles mères ne sont plus montrées du doigt. La vie est moins dure. Crèches et allocations parentales permettent aux femmes d'assumer de concert le travail et la maternité.

Cette nouvelle génération de femmes va relativement vite imposer la contraception et la prise en charge de l'IVG par la sécurité sociale dans toute l'Europe. Dans le même temps, le nombre d'hommes célibataires devenant pères d'enfants désirés, mais conçus hors mariage, augmente dans des proportions imprévues. Commence à apparaître une nouvelle génération d'enfants qui, dûment reconnus par leur père, n'en sont pas moins mis au monde par des parents célibataires. Les naissances hors mariage qui, avant 1965, n'étaient que 5 à 6 % concerneront, en vingt-cinq ans, le tiers des nouveau-nés dans la plupart des pays d'Europe et un enfant sur deux dans les pays nordiques. En 1980, on constate que 70 % des enfants nés hors mariage ont été reconnus par leur père.

S'en prenant à l'institution du mariage, la nouvelle vague « libertaire » fait remonter en flèche la courbe des divorces. Cet accroissement massif commence là encore dans les pays nordiques, pour atteindre, dès 1975, un tiers de la population mariée. L'évolution des mœurs continue ainsi à opter pour des idéaux prenant le contre-pied de ceux qui ont marqué la génération précédente. Alors que leurs parents ont argué de la présence d'enfants pour s'interdire toute séparation, la nouvelle génération découvre que maintenir une union malheureuse pour ces chers petits n'est peut-être pas le meilleur cadeau que l'on puisse leur faire. Non seulement on ne se marie plus, mais on divorce à tour de bras. Cela dans toutes les couches de la population et quel que soit son statut social, économique ou religieux. Ceux qui se marient après une union libre afin de légaliser leur statut de père et mère divorcent, pour ce que l'on en sait [1], encore plus rapidement que les

1. J. Kellerhals, N. Languin, J.-F. Perrin et G. Wirth, « Statut social,

autres, et la probabilité de séparation des couples est proportionnellement plus forte chez ceux qui ont eu très rapidement plusieurs enfants...

Aux côtés d'Evelyne Sullerot et de bien d'autres, Zazouchka s'est longuement battue pour imposer la contraception et le droit à l'avortement. Attentive, elle m'écoute.

« ... Aux yeux des statisticiens, sociologues et autres spécialistes de ces questions, il n'existe aucune cause économique ou politique qui permette d'expliquer un bouleversement aussi radical de la sexualité et des mœurs. Tout laisse donc penser qu'il n'y en a pas d'autre que le désir humain dans la dynamique de sa propre évolution. Voilà ce que permet de comprendre le livre d'Evelyne Sullerot. Il relate comment, au cours de notre propre histoire, la figure paternelle est magistralement tombée du piédestal où elle trônait depuis des millénaires, comment les pères se sont soudainement volatilisés à notre génération.

Ma formulation a l'air de la surprendre.

– Je ne vois rien dans tout ça qui permette de conclure que notre génération aurait fait se volatiliser les pères. Nos luttes ont, au contraire, permis que l'arrivée d'un enfant ne soit plus un accident, mais le produit d'un désir, d'un projet partagé. Elles n'ont remis en cause qu'une certaine conception de la famille et de la sexualité. Cette baisse des naissances signifie que notre génération s'est déchargée des enfants non désirés ! Et, d'ailleurs, à travers ce que tu racontes, je vois plutôt apparaître un père nouveau, un homme qui, marié ou non, reconnaît ses enfants.

– Tu ne le vois pas car, au point où j'en suis de cette histoire, c'est tout d'abord des statistiques que disparaissent les pères. C'est l'un des points les plus intéressants du travail d'Evelyne Sullerot. Il montre comment nos structures sociales traditionnelles, politiques et juridiques ont été complètement dépassées par ce mouvement de masse libertaire qui a secoué l'Europe.

---

projet familial et divorce : une analyse longitudinale des ruptures d'union dans une promotion de mariages », *Populations*, 1985, nº 6 (cité dans Evelyne Sullerot, *op. cit.*).

Ce ne sont, en effet, pas les pères qui commencent par déserter leur place. Ce sont les statisticiens et les juristes qui, incapables de percevoir l'ampleur du mouvement, les ont tout bonnement considérés comme éléments négligeables ! Les statistiques de natalité ne prennent en compte que les enfants et les mères. Sur ces "nouveaux pères", on ne sait rien. "Aucune étude n'a été faite à leur sujet. On ne sait ni leur âge, ni leur profession [1]" et encore moins ce qu'ils pensent ou désirent. »

Evelyne Sullerot ne trouve aucune autre raison à ce curieux vide de questions concernant les papas que la vieille habitude routinière des statisticiens à considérer les naissances hors mariage comme le fait d'hommes disparus ou inconnus. Toujours est-il que l'énorme proportion de foyers où les enfants ne sont élevés que par leur mère sans presque jamais voir leur père ne serait pas aussi alarmante de nos jours si les juristes et les politiques avaient pris le temps de considérer les enjeux de l'évolution sociale qui se dessinait sous leurs yeux. Ils ne l'ont pas fait et, de plus, tout prête à croire qu'ils n'ont voté ces lois que pour remédier à leurs propres angoisses.

La première loi qui signe la décapitation du père en France est de janvier 1970 [2], l'année de la mort de De Gaulle. Dans le contexte politique de l'époque, la mort du père est une question beaucoup plus angoissante pour les juristes et les députés qui mettent en place cette législation que pour la nouvelle génération. Un grand nombre de ceux qui, à l'heure actuelle, s'inquiètent de la prolifération d'enfants élevés par leur seule mère ont tendance à mettre cela sur le compte du féminisme. C'est oublier que ces lois ont été votées par des hommes qui, de surcroît, sont pères. Or quels sont les événements qui les ont contraints à les voter sans même prendre le

1. Evelyne Sullerot *op. cit.*, p. 99.

2. Il s'agit de la loi du 4 janvier 1970 ayant aboli « l'autorité paternelle » au profit de « l'autorité parentale », le père ne pouvant partager cette autorité avec la mère qu'à la stricte condition qu'il soit légalement marié avec elle. C'est ce dernier point qui sera amendé à plusieurs reprises, ce qui prendra dix-huit ans pour commencer à se faire.

temps d'en mesurer les conséquences pour eux-mêmes et leurs enfants ?

Moins de deux ans auparavant, ce mouvement de masse libertaire qui allait bouleverser toutes nos coutumes en matière d'amour et de procréation s'annonçait dans la rue. C'étaient les événements de 68 en France et autres mouvements étudiants qui s'exprimaient un peu partout sur la planète. La plupart des gouvernements étaient pris de court par les revendications de la nouvelle génération. La France, pays des révolutions et de la Commune, s'était prélassée dans une grève générale, à ce point calme et joyeuse, qu'aucun homme politique, pas même les gauchistes, n'avait été en mesure de comprendre ce que pouvait bien vouloir dire ce « gigantesque ras-le-bol » s'exprimant à l'échelle planétaire.

En 1970, si la question du père est angoissante, elle ne l'est pas pour ceux qui, dans la rue, viennent d'exprimer la nécessité d'un changement radical. Elle ne l'est que pour ceux que la grève a contraints à des vacances forcées : les ministres et les députés. Un an et demi auparavant, ils avaient été confrontés à quelque chose dont il n'existe aucun précédent dans l'histoire : l'arrêt total de la machine économique pour des raisons non pas monétaires, syndicales ou salariales, mais idéologiques et spirituelles. Du jamais vu ! L'art de gouverner put-il à cette époque être envisagé comme un métier de tout repos ?

La grève générale a provoqué une vacance du pouvoir quelque peu déstabilisante pour nos élus. Quant au père, à leur père, le général de Gaulle, le papa de notre Ve République, après leur avoir une fois de plus démontré qu'en dehors de lui nul n'était capable de reprendre en main les rênes d'un pays qui s'était égaré dans des rêves insensés, le voilà qui, l'année précédant ce vote, les a tout bonnement lâchés.

Le père de la nation, l'instigateur de la seule Constitution ayant permis aux gouvernements d'arrêter de se succéder à la même vitesse que celle avec laquelle ils étaient élus, a rendu son tablier. Un référendum a eu lieu en avril 1969. La France a dit « non » au vieux général qui s'est retiré à Colombey-les-Deux-Eglises. Le contexte subjectif dans lequel sont votées ces nouvelles lois ne milite donc pas du tout en faveur de la cause du père.

Quant à ceux qui voient ces nouvelles juridictions comme le produit du féminisme, il va falloir qu'ils considèrent qu'elles émanent d'un féminisme pour le moins étrange, car il s'agit en réalité de celui des députés qui les ont promulguées et votées. C'est ce que laisse entendre le débat qui a alors eu lieu à l'Assemblée. Les arguments en faveur de ces lois emboîtent le pas des statisticiens. Ils considèrent que le père ne saurait exister en dehors des liens du mariage. C'est donc comme si, incapables d'imaginer que les hommes descendus dans la rue revendiquaient pour de vrai un mode de vie nouveau, ces parlementaires n'avaient entendu que les revendications de leurs filles. C'est bien le féminisme qui a imposé ces lois, mais ce n'est pas celui des femmes. C'est celui des députés !...

J'obtiens ce que je voulais. Zazouchka éclate de rire.

« ... Ecoute donc ce que répond le garde des Sceaux de l'époque à ceux qui argumentent en faveur des nouveaux pères. Il s'écrie : “L'expérience démontre qu'il faut protéger les mères naturelles contre les chantages à l'enfant, trop souvent pratiqués par des compagnons éphémères qui ne se rappellent leur paternité et les droits que les textes anciens leur accordaient que pour menacer les mères de leur retirer l'enfant si elles ne se soumettent pas à leur volonté [1].” De deux choses l'une, ou cet homme attribue à ses semblables des comportements qui étaient ceux de la génération de son père, ou il n'a que des filles ! En tout cas, dans le récit qu'en fait Evelyne Sullerot, il semble bien que les députés responsables de ces lois redoutaient avant tout d'avoir à assumer eux-mêmes une place de père. Ils étaient “obnubilés” par l'idée de “réformer les lois dans le seul intérêt des enfants [2]”. De bonnes mères, en somme ! Sous la pression des événements, ils se sont transformés en “matrones” brandissant l'étendard des luttes féministes !

1. Evelyne Sullerot, *op. cit.*, p. 127 (débat du 9 avril 1970).
2. *Ibid.*, p. 129.

– Tu ne crois pas que tu caricatures tout de même un peu ?

– Non, pas du tout ! Je ne trouve aucune autre raison à ce que des hommes doublement pères, qui le sont dans leur famille, mais aussi en tant qu'élus, décident subitement de décapiter le patriarcat. Tout semble indiquer qu'ils se sont comportés comme des pères malades. »

Revendiquer un monde gouverné par les mères est la première maladie de la paternité ! C'est ce que disait Jacques Lacan lorsqu'il expliquait que la névrose de l'homme apparaissait, d'une façon commune, dans son désir larvé et sourd d'une vie dans laquelle la loi ne serait pas déterminée par son propre sexe, mais par les femmes. Que font les pères malades ? Ils s'accrochent à leurs filles comme à leur « ultime maman ». C'est ce qu'a fait Freud avec sa fille Anna. Celle-ci a passé le plus clair de ses jours à le soigner de son cancer au point d'en mourir célibataire. Freud l'appelait son Antigone. Les pères savent bien que dans toute fille sommeille une Jeanne d'Arc prête à lever des armées pour les secourir et, dans nos idéaux démocratiques, Marianne est une « Jeanne d'Arc républicaine ». Elle représente un fantasme typiquement masculin, celui de la « mère guerrière » pensant, à sa place, ce que l'homme a à faire, et le dégageant ainsi de tout ce qu'il y a de douloureux dans l'obligation d'assumer soi-même son sexe et sa vie.

Les « juristes qui ont préparé ces réformes, pas plus que les députés qui les ont votées, n'avaient imaginé que leur application ferait, en quinze ou vingt ans, de centaines de milliers de pères, des “parents sans droits”, sépareraient quelque deux millions d'enfants de leur père, que six cent mille d'entre eux ne verraient plus jamais [1] ». Ils ont promulgué ces lois avec les meilleures intentions du monde, mais en oubliant que l'enfer en est déjà pavé. Ils l'ont fait en s'identifiant à des enfants et non à des pères ! Ce qui veut dire qu'ils se sont comportés comme le font les pères des enfants psychotiques [2],

1. *Ibid.*, p. 123.

2. La psychanalyse freudienne répartit les troubles mentaux en trois grands registres : les névroses, les perversions et les psychoses. Les névroses ont deux principales formes, l'hystérie et la névrose obsessionnelle.

qui ne sont pas considérés par leurs enfants comme des pères, pour la simple raison qu'ils se comportent, dans leur foyer, comme le premier des enfants de leur femme ! Les enfants qui souffrent de troubles mentaux ont très souvent des « pères-bébés » qui, au lieu d'imposer leur propre loi, ne se réfèrent qu'à celle de leur épouse. Ne sachant être que le grand enfant d'une « femme-maman », ils engendrent des enfants qui, eux, se structurent dans la psychose, comme « d'éternels bébés ».

Un monde sans père ne peut être qu'un enfer ! La folie de l'enfant en témoigne. Le seul fait que ces lois aient pu être votées montre à quel point plus personne, de nos jours, ne semble savoir en quoi il est vital pour la santé mentale de l'enfant d'avoir un père !

Les nouveaux papas ont été confrontés à des lois qui les ont, la plupart du temps, dépossédés de leurs enfants. Ceux qui ont divorcé se sont retrouvés sous la dépendance des juges qui, au mieux, les ont condamnés à payer, en leur assignant le rôle de « papa des dimanches ». Ceux qui avaient opté pour l'union libre se sont retrouvés dans une situation plus difficile encore. La nouvelle juridiction ne leur accordait aucun droit sur leurs enfants. Ils n'étaient même pas reconnus pères. En France, il a fallu attendre 1987 pour que la loi autorise les concubins à demander des droits conjoints. Et il en a été ainsi dans toute l'Europe. On ne peut, de nos jours, être père qu'à condition que la mère le veuille bien. En Grande-Bretagne et aux Pays-Bas, la nouvelle juridiction a imposé aux pères de présenter une autorisation écrite de la mère pour pouvoir reconnaître leurs enfants. En Belgique, il en est de même depuis 1987. Et en Allemagne de l'Ouest, où la question du père était encore entachée du spectre de l'hitlérisme, la juridiction a attribué dès 1969 tous les droits sur l'enfant à sa seule mère. Cette loi, qui autorisait les femmes à décider seules si l'enfant pouvait ou non voir son père et sous quelles conditions, a été, comme celle de 1970 en France, amendée dix ans plus tard – le seul progrès

---

Les perversions désignent toutes les aberrations des fonctions sexuelles et reproductives. Les psychoses regroupent toutes les formes de la folie.

nouveau consistant à autoriser les pères à intenter un procès pour pouvoir obtenir un droit de visite !

« Et l'on appelle ça un progrès ! ponctue ma compagne.

Drôle de progrès, en effet, que celui qui réglemente le droit de l'enfant à avoir un père, en commençant par imposer aux pères d'avoir à en prouver le bien-fondé !

– Eh oui, lui dis-je, il n'y a plus qu'à attendre la nouvelle vague de spiritualité qui, surgissant du pôle Nord, déferlera sur l'Europe !

– Tout cela n'entame pas plus ton optimisme ?

– Non, puisqu'il existe au moins un pays en Europe où il est interdit de ne pas avoir de père ! Un pays où l'on dit à la jeune fille candide qui désire secrètement garder pour elle seule le produit de ses amours : “Mais Mademoiselle, vous ne pourrez sortir d'ici qu'entre deux gendarmes si vous ne nous dites pas qui est le papa de ce beau bébé !” Un pays où, lorsque la jeune fille candide déclare : “C'est peut-être Pierre, Paul ou Jacques”, on convoque Pierre, Paul et Jacques pour savoir si l'un d'entre eux se reconnaît père du beau bébé ; et où, lorsque Pierre, Paul et Jacques éprouvent des difficultés à statuer sur cet épineux problème, on met à leur disposition des tests génétiques. Un pays où les couples peuvent divorcer sans qu'un juge soit mandaté d'office pour décider à leur place du sort de leurs enfants, et où la justice n'intervient que si, n'arrivant pas à s'entendre, les parents le demandent. Lequel ?

– La Suède.

– Eh oui ! La Suède, le pays qui, pour nos statisticiens peu soucieux de savoir qui sont les pères des enfants dont ils comptabilisent soigneusement la venue d'année en année, est la source d'où semble se propager toute l'évolution des mœurs du monde européen. »

L'homme crée le spermatozoïde, l'enfant crée le père

Lundi, le travail reprend. L'homme qui a pris rendez-vous avec moi ce matin commence par me dire : « J'ai longuement hésité avant de vous téléphoner. Je ne me sens pas plus névrosé qu'un autre. Une sexualité qui n'a rien d'anormal. Un métier qui me satisfait. Aucun problème jusqu'à mon divorce. Mais depuis, tout déconne ! Cette société de femmes me rend complètement cinglé ! » Son expression me surprend. A ma demande, il précise : « Le juge ! Les avocates ! Les assistantes sociales ! Je n'ai eu affaire qu'à des femmes ! J'ai moi-même été obligé de prendre une femme pour avocat ! Les juges pour enfants sont presque toutes des femmes et si vous vous faites défendre par un homme, vous perdez la moitié de vos chances d'être écouté. »

Philippe fait donc partie de cette nouvelle génération de pères que nos « juridictions modernes » dispensent du devoir de vivre avec leurs enfants. Il a divorcé deux ans plus tôt. Depuis, il en veut à toutes les femmes, à celle dont il a divorcé, mais aussi aux « amies qui, toutes, ont considéré qu'il était irréaliste qu'un homme puisse, aussi bien qu'une femme, assumer la charge d'un enfant », à ce « juge enjuponné qui, considérant l'âge de l'enfant, n'a même pas pris soin d'écouter son père », à sa belle-mère qui, prenant le parti de sa fille, « l'a roulé dans la boue » et à son avocate qui, « pensant la même chose que toutes ces dames, n'a pas été capable de le défendre ».

Philippe, curieusement, ne s'en prend pas à ceux qui ont destitué le père et voté les lois. Il ignorait tout de leur contenu jusqu'à son divorce. Il s'en prend aux femmes, car il est atteint dans son identité d'homme. Il reste très attaché à son fils, Michel, qui avait alors 4 ans, mais il ne peut toujours pas échanger trois phrases avec la mère de son enfant sans que cela provoque un drame. C'est la raison pour laquelle, ayant lu *La Sexualité masculine* [1], il a eu l'idée de me consulter en espérant que sa démarche convaincrait son ex-femme d'en faire autant. Car, lâche-t-il dans un soupir, « il faut avouer qu'à la longue, cette incompréhension mutuelle, ça devient épuisant ! ».

Tout le monde a déjà fait remarquer à Philippe que son attitude butée ne servait ni sa cause de père ni celle de l'enfant.

1. Didier Dumas, Albin Michel, 1990.

Rien n'y a fait. Philippe ne peut accepter son nouveau statut de « papa des dimanches ». Il reste traumatisé par un jugement qui a décidé à sa place des modalités de sa paternité. « Qu'est-ce qu'une justice, conclut-il, qui, en fait, ne m'autorise à voir mon fils que les soirs où sa mère sort avec son amant ! »

Mais surtout, qu'est-ce qu'une justice d'Etat qui, au lieu d'aider les parents dans leurs difficultés, décide à leur place, sans même se demander ce qu'en pensent les enfants, des modalités par lesquelles ceux-ci doivent les fréquenter ! Ecoutant des enfants depuis plus d'un quart de siècle, il me paraît évident que les lois actuelles sur la paternité ne seraient jamais passées si ceux qui les ont promues, obnubilés par l'idée de réformer la loi dans le seul intérêt des enfants, avaient pris soin d'interroger par un référendum les enfants en âge de s'exprimer.

Passons donc la parole à l'enfant, à Michel.

Michel a maintenant 6 ans. Or voilà qu'un matin il téléphone à son père pour lui demander de l'emmener voir un film dont il a vu la présentation à la télévision. Philippe en est profondément ému. C'est la première fois que Michel s'adresse à lui sans passer par sa mère. Ils prennent date pour un dimanche. Mais le jour convenu, Philippe se retrouve avec deux enfants au lieu d'un. Michel a invité Bruno, un petit copain.

Philippe espérait un tête-à-tête. Déçu, le voilà avec deux bambins qui, sans même lui adresser un regard, se mettent à jouer ensemble. Relégué au rôle de bonne d'enfants, il constate qu'il éprouve une certaine agressivité envers ce petit Bruno. Il le trouve mal élevé, désagréable, antipathique. Tout dans cet enfant le hérisse. Ils prennent néanmoins le chemin du cinéma. Or, au premier feu rouge, Bruno lui attrape la main et s'accroche à lui. Percevant cette menotte qui se glisse dans la sienne, Philippe se sent soudainement ému. Il en est le premier étonné. Cet enfant qui n'avait fait jusqu'alors que l'irriter lui devient brusquement sympathique. Au cinéma, l'événement se répète. Le film lui faisant peur, Bruno s'agrippe de nouveau à lui et se blottit dans ses bras. Avec le même automatisme, Philippe se sent en sympathie profonde avec l'enfant. Le voilà qui vibre de toutes ses cordes paternelles et le plaisir qu'il y prend le surprend d'autant plus que ce petit garçon n'est pas le sien.

Partant au cinéma, Philippe souffrait de n'être qu'un « papa du dimanche ». En en revenant, il était papa pour deux. Mais il avait surtout compris ce que devraient se répéter bon nombre de parents chaque matin au réveil : que ce sont les enfants qui font les parents et non l'inverse. Mettant à nu son désir d'être père, le petit Bruno venait de lui apprendre qu'en dehors des nécessités de l'enfant l'instinct paternel n'a aucune existence propre. Voilà qui bouleversa sa conception de la paternité. Il découvrit que ce ne sont pas les parents qui font les enfants, mais les enfants qui créent père et mère. Sur ce, il arrêta de considérer son ex-épouse comme une voleuse d'enfant et put très vite rouvrir le dialogue sur leurs rôles réciproques.

« Si les mères sont seules à faire les enfants,
que reste-t-il aux pères ?
– Le plus dur, en faire des hommes et des femmes ! »

Février 1995, dimanche, 20 h 30.

Mon fils est adolescent. Voulant ouvrir une noix de coco, il s'entaille le pouce. Le sang gicle. Les parents accourent, regardent, désinfectent, pansent. Tous trois sont pâles d'inquiétude. Peut-il bouger son doigt ? Difficilement ! Avec sa mère, nos yeux se croisent. Qu'a fait notre musicien de fils ? Il est bassiste. Lui-même ne se pose plus que cette question. Pourra-t-il rejouer de son instrument ? L'heure est tardive. En moins de deux, nous prenons la direction de l'hôpital Cochin. Dans la voiture, fixés sur le seul désir d'y arriver au plus vite et nous appliquant à maintenir le calme qui sied aux états d'urgence, sa mère et moi ne disons mot. Nous savons tous deux où vont nos pensées, et nous savons que nous nous posons la même question : Qu'a fait notre aîné à se *tailler* le pouce, alors que, depuis quelque temps, nous l'entendons dire qu'il est à l'âge où l'on commence à penser sérieusement qu'il va falloir se *tailler* un jour de chez ses parents ?

Inquiets pour ce doigt abîmé, les parents, en cet instant, ne sont plus que parents. Je repense à l'incroyable émotion qu'a été sa naissance. Je le revois à sa naissance, tenant tout entier dans une seule main et ne m'imaginant pas encore qu'il allait m'appeler papa. Le fils aussi est inquiet pour son doigt. Il rompt le silence : « Qu'est-ce que j'aurais fait, dit-il, si j'avais été seul ? » Et sur ces paroles qui s'inscrivent dans ma mémoire nous arrivons à l'hôpital, pour nous précipiter aux urgences. Le prenant aussitôt en main, l'équipe médicale rassure le garçon et, avec lui, ses parents. Deux heures plus tard, le voilà dans la blancheur immaculée du lit où il n'a plus qu'à attendre son tour au poste opératoire. Les parents n'ont plus rien à faire là. Ils le retrouveront demain.

En l'embrassant, j'ai à nouveau un flash où je le vois bébé venant de naître. Je recule et, dans l'espace de nos sourires se disant adieu, je mesure l'écoulement du temps en contemplant l'homme qu'il est devenu.

La fraîcheur de la nuit fouette nos visages. Avec Zazouchka, nous nous arrêtons un instant pour respirer et échanger un sourire. Toutes nos tensions se relâchent, et les paroles de mon fils me reviennent en tête : « Qu'est-ce que j'aurais fait si j'avais été seul ? »

Pourquoi a-t-il dit ça ?... Un enfant n'est jamais totalement seul ! Et la réponse aussitôt, tel un choc fouettant ma cervelle, se formule en moi : « Ce n'est pas une parole d'enfant ! C'est une parole d'adolescent ! »

Me tournant vers Zazouchka :

« Ne trouves-tu pas le langage complètement perfide ! Nous disons tous, à tout bout de champ, que nous faisons des enfants, et, disant cela, nous sommes dans le mensonge ! Etre parent, ce n'est pas faire des enfants ! C'est faire des hommes et des femmes ! Des adultes ! »

Et, comme chaque fois que j'essaye de penser un peu sérieusement à ce livre sur le père, la voilà qui éclate de rire.

Le lendemain la question insiste. Assis à ma table de travail, cherchant l'inspiration, je me demande : « Est-ce si grave de répéter à longueur de journée que nous faisons des enfants... Une société dans laquelle les parents oublient qu'ils ont à en faire des adultes peut-elle devenir adulte... Et si nous nous mettions subitement tous à dire que ce sont les enfants qui font les parents, cela ne changerait-il pas la face du monde en une seule génération ? »

Ce n'est pas à toi, de changer la face du monde ! me souffle alors un ange. Que fais-tu en tant que père ? Tu transmets le relais du temps. Si les mères font des enfants, c'est aux pères d'en faire des adultes !

Me semblant issue des plus purs classiques de nos traditions, l'idée qui vient de surgir me sourit. « Qui d'autre que ton fils, semblent vouloir ajouter les mots que je perçois se former dans ma tête, est responsable de cette idée superbement banale qui maintenant te sourit ? » Et rêvant à comment présenter un père, relais du temps et porte de l'âge adulte, un *Père : Porte du futur*, je me mets à écrire.

Comment les enfants créent les parents

Peut-on se penser père ou mère indépendamment des besoins d'un enfant ? Père et mère ne sont que des fonctions, et de surcroît des fonctions provisoires. Dans toutes les langues, « Papa » et « Maman » sont les premiers mots de l'enfant. Nous y reviendrons, car ces deux premiers mots sont, en réalité, les portes de la vie, du langage et de la sexualité. Arrêtons-nous ici au fait que ce sont des mots d'enfant et non des mots d'adulte.

Papa et Maman désignent dans toutes les langues des instances non seulement créées par la prématuration de l'enfant, mais, de plus, périssables. Ce sont des inventions de l'enfant destinées à mourir lorsqu'il devient adulte. Il est donc, en vérité, assez malhonnête de prétendre être père ou mère tant qu'un enfant, fût-ce le nôtre, ne nous y a pas invités. Et si au lieu de se gargariser du plaisir d'avoir fait des enfants, comme nous le faisons tous, les parents parvenaient un peu plus souvent à penser que leur rôle est de mettre au monde des hommes et des femmes, ils éviteraient les drames insolubles que posent obligatoirement l'adolescence, dans toute famille où le maternel est la loi dominante.

Le problème que représente aux yeux des psychanalystes l'accroissement soudain d'enfants élevés par leur seule mère est en fait là. Les mères s'occupant seules de leurs enfants peuvent ne rencontrer aucune difficulté tant que l'enfant reste un enfant. Installé par sa mère en position de royauté, celui-ci n'y trouvera rien à redire pendant de longues années. Mais à l'adolescence, il en va autrement, car comment quitter celle qui est tout pour soi et pour qui l'on est tout ? Comment rompre une situation où, de fait, l'enfant est depuis toujours le seul vrai « jules » de sa maman ?

L'adolescence est dans ce cas obligatoirement un drame et il faudra encore souvent « des années pour que cet enfant, orphelin de père, atterrisse sur le divan d'un psychanalyste et y déclare entre deux sanglots : "Ma mère m'a empêché de vivre, elle m'a privé de mon père."[1] » Vu le nombre impressionnant et toujours croissant d'enfants élevés par leur seule mère, va-t-on devoir continuer à amender l'absurdité de nos lois ? Et pour proposer quoi, cette fois-ci ? Une juridiction autorisant les enfants à divorcer légalement de leur mère ?

L'enfant crée ses parents en palliatif à son immaturité et pour pouvoir en émerger. Si l'on veut donc faire autre chose de son enfant que sa poupée ou son compagnon préféré, il faut commencer par considérer que l'être humain a besoin de deux parents pour pouvoir combler sa prématuration. Construire dans son cerveau, comme tout enfant doit le faire, les outils mentaux qui lui permettront d'assumer lui-même sa vie adulte ne peut se faire sans deux parents. Nous y reviendrons longuement. Pour le moment, essayons de considérer, d'une façon concrète, comment l'enfant est l'auteur de ce que sont ses parents pour lui, de quelle façon il suscite leurs capa-

1. Christiane Olivier, *op. cit.*, p. 79.

cités à répondre à ses besoins, comment il les crée pour de bon, en étant de ce fait non pas le seul, mais le premier responsable des pensées par lesquelles ceux-ci veillent sur lui. Prenons l'exemple d'un père qui le découvre dans son travail avec moi.

Alexandre me fréquente depuis six à sept ans. Orphelin de père, élevé par une mère inconsolable, il a eu une enfance fragile. Cela ne l'a pas empêché de devenir un brillant architecte. M'ayant rencontré après une première psychanalyse qui s'est soldée par une tentative de suicide, il m'est très attaché. Depuis plusieurs années déjà, Alexandre ne souffre plus de vivre. Il n'a pas épuisé pour autant le stock des questions métaphysiques qui sont les siennes. Il lit beaucoup et aime parler avec moi de « toutes ces questions que la lecture fait resurgir ». Alexandre apprécie particulièrement que je sois analyste d'enfants. Père de trois enfants, il est très attentif à eux. Or, un jour, il découvre que Boris, son aîné, s'adresse préférentiellement à Gisèle, sa femme, lorsqu'il est malade, et préférentiellement à lui lorsqu'il s'est blessé. S'il a une grippe ou des maux de ventre, l'enfant va s'en plaindre à sa mère. Si le sang coule, il ne veut voir que son père.

« Rien d'étonnant à cela, me dit Alexandre qui a lu Freud de près, n'est-il pas normal que l'enfant attribue un savoir sur les dysfonctionnements internes à celle qui nourrit, et une connaissance sur la fragilité du corps à celui qui protège ? »

N'ayant rien à ajouter à ce que dit Alexandre, nous nous quittons là-dessus.

Mais, frustré de ne pas avoir entendu le son de ma voix, Alexandre continue à y penser. Et, y pensant, il s'aperçoit que lorsque Boris a une grippe, il l'oublie dès qu'il arrive à son bureau. Il n'y pense plus de la journée. Alors que si l'enfant s'est blessé, il se comporte au contraire comme une mère anxieuse, appelant Gisèle à tout instant pour qu'elle vérifie si le pansement tient bien – ou pour toute autre raison lui apparaissant, sitôt qu'il a raccroché, comme le produit d'une « anxiété encore quelque peu névrotique ». Arrivé chez lui, il en parle à Gisèle et, à notre rendez-vous suivant, il me dit :

« Après vous avoir vu, j'ai parlé de Boris avec Gisèle. Dès qu'il se blesse, je m'inquiète comme une vraie mère poule. Elle, c'est quand il a la grippe qu'elle se retrouve anxieuse et incapable d'avoir sa tête à elle. Mais, si, comme l'autre jour, il s'est blessé au genou, elle l'oublie dès qu'il est hors de sa vue. C'est moi qui y pense toute la journée. Comme si on se partageait le travail ! Vous ne trouvez pas ça bizarre ?

– Non, je ne vois rien de bizarre à cela. Les enfants induisent les pensées que nous avons pour eux. C'est Boris qui inconsciemment gouverne la façon dont vous pensez tous deux à lui. Mais il fait plus. En créant en vous le père dont il a besoin, il vous oblige à vous rendre compte que le vôtre vous a terriblement manqué. Il fait surgir en vous une anxiété qui est celle de votre mère, et c'est vous qui souffrez alors de ne pas pouvoir trouver en vous de père. Boris, lui, différencie très bien ce dont vous me parliez l'autre jour. Il ne confond pas du tout la mère qui nourrit et le père qui protège. »

Ce qu'Alexandre venait de découvrir montre assez bien que ce que nous avons coutume d'appeler l'« instinct maternel » ou « paternel » n'a, en dehors de l'enfant, aucune existence propre. Ce n'est pas un « instinct naturel », comme beaucoup veulent le croire pour justifier la possessivité des mères. C'est le *feed-back*, la réaction à une activité mentale de l'enfant qui, bien qu'échappant la plupart du temps à notre conscience, est néanmoins celle par laquelle il construit en nous les figures tutélaires nécessaires à son développement.

Si la mort prématurée de son père n'avait obligé Alexandre à entreprendre un sérieux travail sur lui-même, il aurait, comme la plupart des parents, continué à y voir un instinct. Les parents sont, en effet, les premiers surpris de la promptitude avec laquelle ils répondent aux besoins de l'enfant. Au moindre sourire, à la moindre larme, ils fondent d'émotion. Leur bébé est le plus beau, le plus charmant de tous les êtres. Sitôt qu'il braille, les voilà au garde-à-vous. Mais s'ils s'en posent la question, ils s'apercevront, comme Alexandre, que c'est bien leur enfant qui organise, à leur insu, tant la nature et la forme de leurs pensées que la promptitude avec lesquelles ils répondent à ses appels. L'enfant n'a pas forcément besoin d'utiliser des mots pour être présent dans la tête de ses parents. Il mobilise leur attention en se projetant dans leurs structures mentales d'une façon qui, d'ordinaire, échappe à la conscience familiale. Regardons-y de plus près.

Nous ne pouvons comprendre un enfant sans nous identifier à lui. Or, l'identification est tout d'abord un processus inconscient. Elle l'est lorsque l'enfant, pour se construire, s'identifie à nous. Mais elle l'est aussi, lorsque pour le comprendre, nous nous identifions à lui. L'émotion que crée en nous le sourire ou les larmes d'un bébé est une réponse identificatoire, une réaction immédiate, spontanée, à ce qu'il induit en nous, une réponse rendue possible du fait que nous nous mettons alors inconsciemment à sa place. Le bébé nous attendrit et nous touche, car il réactualise l'époque où nous étions aussi fragiles et démunis que lui, et nous le comprenons en retrouvant l'enfant que nous avons été.

Il faut donc nous méfier de tout ce qui nous pousse à savoir, par avance, ce qu'est un père ou une mère. Les fonctions parentales sont des créations de l'enfant, mais des créations qui échouent dès que les parents oublient qu'ils ont eux-mêmes été des enfants. Il n'y a en effet rien de plus désespérant pour un enfant que des parents qui se veulent amnésiques de leur propre enfance. Au lieu de pouvoir répondre à ses besoins, ils savent par avance ce qui est bon ou mauvais pour lui. Ce ne sont plus des parents, des êtres qui assument leur rôle de relais dans la succession des générations. Ce sont des fonctionnaires ou des pédagogues ayant tout oublié de l'enfant en eux-mêmes. Avoir ainsi des parents qui se présentent comme existant de toute éternité est un calvaire. Cela interdit à l'enfant de grandir autrement qu'à moitié.

« Et pourquoi ? me demande Alexandre qui, dans cette même séance, m'interroge longuement sur l'identification.

– Parce que les parents le privent alors de son initiative et de sa créativité ! En refusant de voir qu'il est le seul à pouvoir les installer à la place où il a besoin d'eux, ils lui demandent de renoncer à son pouvoir de création ! »

II

PÈRES ABSENTS
ET
MÈRES TOUTES-MÈRES

Etre père, c'est avant tout répéter le sien

Si Gisèle lui démontre, leurs enfants à l'appui, qu'il est un très bon père, Alexandre en est le premier étonné. Qu'il s'accuse de se comporter comme une mère, ou qu'il se plaigne de ne pas arriver à comprendre ce qu'est un père, Alexandre n'est jamais assuré d'en être vraiment un. Cela vient de ce que son propre père est mort alors qu'il était encore bébé. Ne l'ayant pratiquement pas connu, Alexandre ne se doutait même pas à quel point son père lui avait manqué. Il lui a fallu faire une tentative de suicide pour en prendre vraiment conscience. Souffrant d'obsessions, il avait entrepris une psychanalyse qui, au début, filait son train. Et puis, peu à peu, il s'est mis à souffrir du silence de son psychanalyste.

« Essayez de comprendre, m'expliqua Alexandre, je n'osais même pas lui dire que son silence me rendait complètement dépressif. Je savais qu'il allait me répondre : "Vous m'en parlerez la prochaine fois." Alors, je n'arrêtais pas de parler. Si je me taisais, j'avais l'impression de me retrouver dans une tombe. Mais comme je n'arrivais pas à lui dire que je sombrais dans la déprime, un jour, en sortant de chez lui, je ne sais pas ce qui m'a pris. Comme si j'avais brusquement voulu rejoindre mon père… Je me retrouve sur le Pont-Neuf, et là, sans même me rendre compte de ce que je fais, je me jette à l'eau ! Ça devait sacrément délirer dans ma tête ! »

Heureusement, il savait nager. Ce bain hivernal lui valut

une bonne grippe que Gisèle a soignée en maudissant l'analyste de son époux, et Alexandre n'y est plus retourné.

« Seulement, continue-t-il à expliquer, je me suis à nouveau retrouvé orphelin ! En un sens, ce n'était pas mal, car au moins, cette fois, j'y étais pour quelque chose. Mais je me suis enfermé dans ma déprime, triste et sans goût à vivre ! »

Un jour, le médecin qui lui prescrivait des tranquillisants lui a dit : « Allez donc voir celui-là. Avec lui vous pourrez bavarder ! » Alexandre est arrivé sur la pointe des pieds :

« J'ai surtout besoin de pouvoir parler ! a-t-il timidement avancé... Je n'ai pas besoin d'une analyse. J'ai besoin de pouvoir bavarder avec quelqu'un qui puisse me répondre !

– Bavarder ?... Ce n'est pas dans mes habitudes, mais répondre aux questions qu'on me pose, je crois en être capable ! »

Alexandre m'a très vite démontré que, dans ce qu'il appelle « nos bavardages », il puise ce qui lui est nécessaire pour se reconstruire. Il a besoin de mots pour reconstruire en lui le père qui lui a manqué. Que les psychanalystes aient plutôt à se taire ou plutôt à parler, cela se discute. Assumer d'être père est, en revanche, incontestablement un acte de parole.

En écoutant Alexandre, je ne trouve aucune autre raison pouvant expliquer qu'avec lui j'assume aisément les longs bavardages où, immanquablement, il m'entraîne. Cela n'empêche pas que, certains jours, confronté à l'infinie ribambelle de ses questions, j'en arrive à comprendre le mutisme de son premier analyste. Un de ces jours où je ne me sentais guère d'humeur à bavarder, Alexandre qui, maintenant, veut pouvoir parler absolument de tout, me demande :

« Mais pourquoi, d'après vous, parlait-il aussi peu ?

– Comment voulez-vous que je sache ce qui se passe dans la tête d'un homme que je ne connais pas ! Si vous n'étiez vous-même là, à continuer à vous morfondre d'amour pour lui, j'ignorerais jusqu'à son nom ! Je n'en ai pas la moindre idée ! Essayez plutôt de comprendre en quoi c'est vous qui avez créé cette relation, en quoi c'est votre transfert sur lui qui l'a peu à peu transformé en un père mort ! N'était-ce pas vous qui perceviez son bureau comme une tombe ?

– Cela, je crois l'avoir compris. Mais lui, insiste Alexandre, pourquoi n'a-t-il pas compris que son silence me rendait peu à peu cinglé ? Vous n'en avez pas même une petite idée ?

– Pas la moindre ! La seule chose que je puisse vous dire est ce qui à déjà été dit par bon nombre de mes collègues. Les parents peuvent ne rien comprendre aux enfants. Les analystes de même. Puisque vous aimez tant lire, lisez donc Alice Miller [1]. Ses livres vous montreront comment les psychanalystes peuvent se comporter avec leurs clients en répétant ce que leur ont déjà fait leurs parents. Les parents agissent la plupart du temps sans se rendre compte qu'ils ne font rien d'autre que reproduire ce que leurs parents ont fait avec eux. Ils répètent sans même y réfléchir ce modèle. Les analystes, eux, répètent ce qu'a fait leur analyste. Peut-être le vôtre a-t-il été analysé par quelqu'un qui ne disait mot. Et peut-être voulait-il vérifier avec vous le bien-fondé de l'attitude prise par son analyste envers lui. »

Et, comme le coup de sonnette de Marie a déjà retenti depuis quelques minutes, je me lève, signalant que je n'ai vraiment rien d'autre à dire. Sur le pas de la porte, Alexandre m'adresse un sourire rayonnant. Il semble avoir obtenu ce qu'il désirait. Il n'attendait, en réalité, rien d'autre que ce qu'il m'a fait dire. Sauf que ce « rien d'autre », me dis-je, en le regardant partir armé de ce large sourire, n'est pas rien du tout !

La répétition est, en vérité, le premier fléau de la paternité ! Faut-il qu'elle le devienne doublement, pour que les thérapeutes puissent découvrir que les pères de la psychanalyse, Freud et Lacan, n'en ont jamais correctement parlé ?

1. Alice Miller, *C'est pour ton bien*, Aubier-Montaigne, 1984 ; *L'Enfant sous terreur*, Aubier-Montaigne, 1986 ; *Images d'une enfance*, Aubier-Montaigne, 1987 ; *La Souffrance muette de l'enfant*, Aubier, 1990 ; *La Connaissance interdite*, Aubier, 1990 ; *Abattre le mur du silence*, Aubier, 1991 ; *Le Drame de l'enfant doué*, PUF, 1993 ; *L'Avenir du drame de l'enfant doué*, PUF, 1996.

La porte claquant, je me demande : et Marie, de quoi va-t-elle donc me parler aujourd'hui ?

Le père de Marie est un père qui n'a su s'adresser à ses enfants qu'à coups de trique ou de ceinture. C'est le type même du père d'autant plus profondément jaloux du maternel qu'il en est inconscient. Ce qu'il exprime en usant de sa violence phallique pour maintenir ses enfants enfermés dans ses jupes. Marie ne veut plus « avoir affaire à cet homme ». Cela n'est pas, pour elle, si facile. Elle ne le voit plus du tout, mais, à travers les fantasmes masochistes dont elle ne peut avouer l'existence à nul autre que moi, elle continue, envers et contre tout, à le porter en elle, comme l'ineffaçable trace d'un inceste consommé dans les rires et les coups. Son masochisme est la trace du désir incestueux d'un « papa-mère » qui n'a jamais pu supporter que ses enfants soient séparés de son corps.

Les pères qui élèvent leurs enfants à coups de trique savent-ils qu'ils contribuent à alimenter la clientèle des sex-shops de la génération suivante ?

N'adressant cette question qu'à moi-même, une réflexion de mon second fils me revient en mémoire. Il n'avait guère plus de 6 ans lorsqu'un jour, en rentrant de l'école, il m'interpelle vivement :

« Savais-tu, papa, qu'il y a des parents qui frappent les enfants ? »

L'éclat de rire qu'il provoqua chez moi n'ayant fait qu'aggraver le bouleversement où l'avait mis cette découverte, il fallait bien en parler. Ne sachant comment calmer sa stupeur, l'idée me vint de lui raconter ce que j'étais en train de lire [1], en y choisissant un exemple illustrant sa question.

– As-tu entendu parler du bon roi Henri IV ?

– Non.

1. « Une observation directe au XVIIe siècle : le journal d'Héroard sur l'enfance et la jeunesse de Louis XIII », extraits choisis et commentés par Michèle David et Hélène Himelfarb, *Nouvelle Revue de psychanalyse*, n° 19, Gallimard, 1979.

– Henri IV est le père de Louis XIII. C'était un roi qui aimait énormément les enfants et en avait beaucoup, car, comme tous les rois de France, il avait toujours au moins deux femmes, une officielle et une maîtresse. Sa première femme légitime, la reine Margot, n'était pas arrivée à lui faire d'enfants. Il n'en avait eu qu'avec son autre femme, sa maîtresse, qui s'appelait Gabrielle. Malheureusement Gabrielle mourut. Et comme les enfants qu'elle laissait à Henri IV n'avaient pas été conçus dans un vrai mariage à l'Eglise et ne pouvaient donc lui succéder sur le trône de France, Henri IV décida de divorcer de la reine Margot. Il prit deux nouvelles femmes, une légitime et une maîtresse. Une qu'il épousa par raison, afin qu'elle lui fasse un fils pouvant lui succéder, la reine Marie de Médicis, et une qu'il choisit par plaisir, la marquise de Verneuil. Il leur fit des enfants à toutes deux en même temps. Mais ce coup-ci, la reine fut plus rapide que la marquise et, un mois avant elle, elle mit au monde un petit garçon qu'on appela Louis. Ce petit garçon deviendra le roi Louis XIII. Mais alors qu'il était encore un peu plus jeune que toi, il allait avoir 5 ans, Henri IV décida qu'il était en âge d'être fouetté. Héroard, qui était le médecin de l'enfant, ne trouvait pas bien du tout de fouetter les enfants. Il essaya de le dire à Henri IV, mais celui-ci lui coupa la parole en répondant qu'il avait, lui-même, sur ordre de son père, été fouetté à cet âge, et que cela lui avait fait le plus grand bien. Tu vois donc que lorsque les papas frappent les enfants, ce n'est pas parce qu'ils les aiment ou ne les aiment pas. C'est parce qu'ils sont eux-mêmes si fiers d'avoir eu un papa qu'ils essayent avec leurs enfants de refaire exactement ce qu'a fait celui-ci avec eux. »

Repensant au bambin questionneur qu'était alors mon fils, je réalise que j'ai fait à Alexandre quasiment la même réponse qu'à l'enfant. A tous deux, je n'ai su répondre qu'en dénonçant les méfaits de la répétition. Les analystes reproduisent leurs maîtres sur le modèle où les pères reproduisent le leur, et ces plates répétitions engendrent des ravages aussi dévastateurs dans l'économie des familles que dans leur bureau.

La première chose qui mine le statut paternel est sa reproduction inchangée d'une génération à l'autre. Un nombre impressionnant de pères ne savent que reproduire ce modèle. Ne trouvant rien d'autre à faire avec leurs enfants que de singer leur père, ils sont les premiers étonnés d'obtenir avec eux les résultats inverses de ce qu'ils en attendaient.

Ce même fils, lorsqu'il avait 11 ans, là aussi en rentrant de l'école, me dit très contrarié :

« Je devais aller à la piscine avec Jérémie, mais son père le lui a interdit sous prétexte qu'il n'apprend rien à l'école !

– Il faut bien que Jérémie apprenne quelque chose à l'école !

– Mais c'est là le problème, son père lui interdit absolument tout ! Comment veux-tu que l'on puisse apprendre quelque chose quand on a un père qui vous interdit tout ! »

La sagesse populaire ne dit-elle pas que la vérité sort tout droit de la bouche des enfants ? Les pères qui, incapables de dialoguer avec leurs enfants, n'agissent qu'en les grondant, les malmenant ou les punissant sont des hommes qui, le sachant ou non, jubilent de pouvoir ainsi adopter la sévère et froide intransigeance qui, enfant, les terrorisait et les fascinait tout à la fois. Faire régner la terreur est le moyen le plus sûr de repousser la leur. C'est pourquoi ils enfilent aisément le costume de Père Fouettard avec lequel les a dressés leur père. Malheureusement pour eux, mais heureusement pour l'avenir de notre espèce, ce genre de transmissions désastreuses ne tient pas plus d'une génération. Ces pères n'agissent pas en leur nom propre. Ils perpétuent l'indestructible soumission avec laquelle ils vénèrent encore leur propre père. C'est pourquoi ils ne sont pas crédibles aux yeux de leurs enfants qui, très souvent, l'expriment comme le faisaient Marie et ses frères, en éclatant de rire sous les coups qu'ils distribuent.

Le bon roi Henri était-il si différent, lorsque, répondant au médecin de son fils, il arborait la fière attitude d'un père ayant tout appris du sien et pouvant de ce fait savoir avec certitude que les coups forment la tendre jeunesse ? Toujours est-il qu'adulé d'un côté et fouetté de l'autre, le jeune Louis XIII en est devenu bègue et l'est resté toute sa vie.

Le père de Marie est un père construit sur ce format qui se limite à reproduire le sien. Aux dires de sa fille, il n'est que la caricature, plutôt fragile et apeurée, du machisme sicilien de son propre père. Huitième d'une famille d'émigrés italiens, il n'a lui-même connu de son papa que les coups de ceinturon qu'en rentrant du travail l'homme, sans un mot, distribuait à la volée sur sa nombreuse progéniture. L'on comprend qu'assumer d'être père puisse se limiter pour lui à une affaire de ceinturon. Mais ce n'est pas vraiment les coups que lui reproche Marie. N'a-t-elle pas depuis longtemps appris, avec lui, à savoir en rire ? Que la plupart de ses enfants aient eu besoin de consulter des thérapeutes sans que cela ne modifie rien à ses certitudes de patriarche incompris, voilà ce que ne peut digérer sa fille.

C'est un père qui, non seulement, répète le sien, mais qui de plus s'y obstine. Tous les pères ne sont bien sûr pas aussi rigides et désespérément amoureux du leur que celui de Marie. Tous répètent néanmoins un modèle impliquant le leur. Le père de Marie et le bon roi Henri témoignent tous deux d'un fonctionnement qui, à sa racine, est le même. L'idéalisation de leur statut de père primant sur toute autre réflexion, mais ne reposant sur nul autre modèle que les médiocres conceptions pédagogiques de leur propre père, c'est en toute bonne conscience qu'ils en arrivent à esquinter leurs enfants.

Ainsi aurait dû nous dire Jacques Lacan : le *père sévère* est ce qui *persévère* d'une génération à l'autre ! Malheureusement le père de la psychanalyse contemporaine, dont je parodie ici l'un des célèbres jeux de mots, n'a jamais dit cela. Pas plus dans leur famille, à l'Assemblée, que dans les institutions psychanalytiques, les pères n'aiment avoir à penser à ce qui les concerne. Or voilà, en vérité, une très curieuse maladie ! Car penser l'enfant à coup de lois, de trique ou de théories est, de toute évidence, autrement moins agréable que de se livrer à la fabuleuse aventure permettant de découvrir comment un enfant se construit avec nous ! Encore faut-il être capable de le laisser nous créer à la place qui le lui permet. Pour cela, ne pas avoir trop peur d'être père. Et peut-être aussi, savoir que l'inconscient paternel a tendance à réenfiler tel quel le costume qui lui a été transmis.

Les maladies de la paternité ont toutes la même origine. Elles reposent sur une fétichisation occulte de son propre père qui engendre des catastrophes d'autant plus destructrices que l'on méconnaît – ou que l'on ne veut pas voir – en quoi celui-ci nous a fait défaut. Ni Freud ni Lacan ne pouvaient voir les choses ainsi, puisque l'inconscient sur lequel ils se sont penchés est un inconscient défini comme « individuel ». Or, l'inconscient paternel ne l'est pas. Il dépend avant tout de la présence ou de l'absence, en soi-même, de celui ou de ceux qui nous ont servi de père. L'inconscient paternel n'est pas *individuel*, mais *transgénérationnel*. Il se construit sur la présence interne d'un *père antérieur*, ayant à charge de cautionner celui que l'on devient. Ce « père imaginaire » est d'autant plus fortement rêvé, idéalisé ou halluciné, que l'on ne veut savoir en quoi le nôtre nous a manqué. Et c'est ainsi que le *père antérieur* enrobe de bonne conscience les comportements destructeurs que les papas adoptent alors, en toute fierté, avec leurs enfants.

Les enfants qui, comme Marie, rient sous leurs coups sont en réalité des enfants qui perçoivent le ridicule de ces hommes fragiles et colériques, essayant désespérément de donner vie à un père, le leur, alors que toutes leurs gesticulations laissent apparaître l'inverse : que ce père n'a jamais existé. Ils perçoivent, plus ou moins consciemment, le désarroi mental et sexuel de ces pères, et la honte qui, seule, entache le rire de Marie est la trace de cette perception enfantine.

Marie parle de son père en disant qu'elle ne veut plus jamais avoir affaire à « cet homme ». Les coups qu'elle recevait enfant la confrontaient plus à l'homme qu'au père. Ses fantasmes masochistes sont là pour en témoigner. Il ne faudrait toutefois pas croire que la honte qui les entache a pour seul but de masquer ses désirs incestueux de petite fille. Elle a cette fonction, mais elle a aussi et surtout celle de voiler la dimension incestueuse dans laquelle ces pères tombent, eux-mêmes, systématiquement.

Le père de Marie est au nombre de ceux qui hurlent sur les méfaits d'une époque où la sexualité se libère. Il est incestueux sur le même mode que les mères qui, se voulant totalement propriétaires du corps de leur enfant, le ficellent d'autant plus solidement qu'elles nient qu'il puisse exister la moindre trace de sexualité entre elle et lui. De la même façon que ces mères, ces pères se défendent vivement de tout désir sexuel pour leurs fils ou leurs filles, mais ils ne peuvent néanmoins jamais se soustraire à l'irrésistible désir d'épancher des pulsions phalliques et possessives en les rouant de coups sitôt qu'ils tentent d'échapper à leur emprise.

Marie a eu, comme elle dit, « un père pourri de n'en avoir pas eu ». Est-ce de « cet homme » ou des effrayants fantasmes avec lesquels ses coups refleurissent, comme des fleurs honteuses dans ses jardins secrets, dont elle m'entretiendra aujourd'hui ?

A la sombre et triste figure qui m'accueille dans la salle d'attente, je sais que non. Aujourd'hui Marie ne parlera que de sa mère.

La responsabilité des parents dans la constitution de la névrose

A peine a-t-elle franchi la porte de mon bureau, que Marie est déjà en larmes :

« Je me sens au-dessous de tout avec ma fille. Je n'aurais dû avoir que des garçons. Avec elle, c'est irrésistible, elle me rend complètement hystérique ! Je pars au quart de tour ! Lorsque je m'entends ainsi hurler sur cette gamine, je vois ma mère !... Intransigeante et rigide, comme elle !... Mais qu'a donc fait Angèle pour avoir une mère comme moi !

Je laisse Marie sécher ses larmes, avant de lui répondre :

– Vous souffrez de reproduire votre mère, mais à travers ces crises, c'est elle que vous continuez à protéger ! Quand donc oserez-vous parler à Angèle un peu sérieusement des problèmes que vous avez rencontrés dans votre sexualité ? Lui expliquer d'où proviennent ces crises d'hystérie qu'elle déclenche si aisément chez vous ! Lui expliquer l'horreur qu'a été pour vous une mère interdisant à sa fille de savoir ce qu'est une femme !... Une petite fille ne peut pas se construire s'il lui est interdit de comprendre que le vagin sert à accueillir le pénis. C'est vers 3 ans qu'elle a besoin de l'apprendre de sa mère. Vos crises ne se déclenchent qu'avec Angèle ou votre époux, jamais avec vos deux garçons. Pourquoi se déclenchent-elles avec elle ? Parce qu'Angèle a précisément l'âge où vous vous êtes retrouvée condamnée à l'hystérie par une mère incapable de dire qu'elle avait, comme tout le monde, fait ses enfants dans le corps et la sexualité. Osez lui parler de la souffrance que représente encore votre mère pour vous !

– Non, ça je ne pourrai jamais ! Elle aime trop sa grand-mère !

– Mais une grand-mère n'est pas une mère ! Angèle est tout à fait capable de faire la différence entre celle qu'a été votre mère et celle qu'est aujourd'hui sa grand-mère. Parler à ses enfants des problèmes qui ont été les nôtres ne peut que les aider à affronter les leurs. Ce n'est pas, comme vous semblez le croire, les encombrer. C'est au contraire leur permettre de comprendre que la vie bouge et évolue énormément d'une génération à l'autre. Vous l'avez certainement vous-même déjà constaté, cela arrive à tous les parents. Dès qu'un enfant entend son père ou sa mère parler vraiment de l'enfant qu'il a été, ses yeux se mettent soit à pétiller d'intensité, soit au contraire à acquérir une sorte d'immense et calme profondeur. Si vous osez dire à Angèle la vérité du travail que vous êtes venue faire chez moi, vous verrez dans ses yeux quelque chose de semblable. Nos enfants nous comprennent toujours, et ils savent lorsque nous parlons vrai. »

Mes paroles provoquent un nouveau flot de larmes, mais Marie se détend. Ce ne sont plus des larmes de fureur, ce sont celles que la petite fille, à toujours rire, n'a jamais pu verser.

Alors même qu'elle est mère de trois enfants, il est toujours impossible à Marie d'imaginer que ses parents aient pu avoir des relations sexuelles. Se les représenter dans leur nudité lui est absolument impossible. Elle ne les a jamais vus autrement qu'habillés. Jamais un regard de connivence, un geste tendre ou un baiser en présence des enfants. Dans l'enfance de Marie, la sexualité n'existait pas. Elle n'en a pas moins été une enfant joyeuse. « La plus vive et la plus rieuse de toute la famille », lui dit encore souvent sa mère, qui n'a jamais rien compris au drame qu'a été l'adolescence de cette fille unique et chérie.

Pour Marie, le monde change brusquement de face lorsqu'un matin, à 14 ans, effrayée, elle découvre du sang dans sa culotte. Sans une parole, sa mère disparaît. Revenant, elle lui tend, toujours sans un mot d'explication, une serviette hygiénique qu'elle lui demande de mettre. Marie n'y comprend rien. L'objet ressemble pour elle à une couche. Elle se demande si elle est atteinte d'une maladie incurable ou d'un défaut de constitution, jusqu'au jour où, découvrant qu'une de ses camarades d'école semble souffrir du même mal, elle apprend ce que sont les règles. Deux ans plus tard, assaillie de fantasmes qui la terrorisent, elle ne trouve autour d'elle personne avec qui oser en parler et, la veille de ses 17 ans, elle décide de mettre fin à ses jours. Elle avale une grosse dose de somnifères et se retrouve internée d'office à l'hôpital Sainte-Anne où elle entreprend sa première thérapie.

La mère de Marie a maintenant 83 ans. Si sa fille lui demande pourquoi elle n'a jamais pris soin de lui expliquer ce qu'est une femme, elle n'obtient que cette seule réponse : « On ne parle pas de ces choses-là ! »

Caricaturale d'une époque où la sexualité était beaucoup plus taboue qu'aujourd'hui, la mère de Marie n'a pas pour autant été une « mauvaise mère ». Ni Marie ni ses quatre frères aînés ne le lui reprochent. C'est leur père que la plupart d'entre eux ne veulent plus voir. Epouse besogneuse et fidèle, elle a élevé cinq enfants en ne se consacrant qu'à eux. Mais elle est de ces femmes pour qui la maternité se limite à recréer l'univers d'amour et de bonté que, sous l'œil d'un père aussi sévère qu'absent, elles ont formé avec leur propre mère. Devenant « toutes-mères », elles y consacrent leur vie. Mais à n'être plus que mères, elles en arrivent à tomber littéralement des nues lorsqu'un beau matin il faut se rendre compte que leur enfant chéri est en train de devenir adulte.

Avec sa fille, cette femme n'a fait que reproduire ce que sa mère lui a, à elle-même, imposé : un silence absolu sur la sexualité. Voilà d'ailleurs pourquoi elle est incapable de comprendre que Marie puisse souffrir dans sa féminité. Elle n'a jamais eu, pour elle-même, à remettre en cause la perfection du modèle qu'a été et reste encore sa propre mère. Reconnaître que ce modèle puisse ne pas être parfait équivaudrait à reconnaître que sa mère n'a pas fait d'elle une femme. Et mettre sa propre mère en cause est précisément ce que la mère de Marie ne peut, en aucun cas, accepter.

La répétition est de toute évidence la première armature du statut parental. Reproduisant leur père, les hommes ne reproduisent la plupart du temps que son absence. Reproduisant leur mère, les femmes ont, elles, tendance à reproduire sa seule et indispensable présence. Au nom de l'amour maternel et en toute bonne conscience, elles reconstituent méticuleusement la prison dorée où leur mère était seule à régner. Elles sont « parfaites ». Leurs enfants ne trouvent rien à leur reprocher, mais, incapables de devenir adultes, il est alors aussi logique que naturel qu'ils s'en prennent à leur père.

Le père de Marie n'apparaissait à la maison que pour punir et administrer des volées. Or, ce ne sont pas les coups que Marie et ses frères lui reprochent. La douleur physique s'oublie aisément. La souffrance morale liée à l'absence d'un père peut en revanche encombrer toute une vie. Ils ne lui pardonnent pas d'avoir donné des coups pour pouvoir d'autant plus vite disparaître à nouveau. Ils lui reprochent d'avoir délégué à sa seule épouse l'éducation de ses enfants, d'avoir, par son absence, créé et cautionné cet univers tout maternel qui les a éternisés dans un rôle d'enfants et leur colle encore à la peau.

Que se passe-t-il dans les familles où, comme dans celle de Marie, les pères brillent par leur absence ? Au père absent se substitue peu à peu une mère omniprésente, d'autant plus étouffante que l'enfant ne peut se plaindre de sa toute-bonté, et qu'elle-même en est d'autant mieux persuadée que son mari se montre, lui, imparfait.

Devenant père, l'homme reproduit le sien. Devenant mère, la femme fait de même. Elle adopte aussi aisément les attitudes, le sérieux, la raideur ou l'inconscience avec lesquelles sa mère l'a éduquée. L'inconscient maternel n'est pas plus que celui des pères un *inconscient individuel*. C'est un inconscient centré par la présence interne d'une *mère antérieure*, qui sert à légitimer celle que l'on devient. Cet inconscient qui détermine le style avec lequel on est parent est un *inconscient de lignée*, un inconscient qui s'est non seulement construit à partir de ce qu'ont été les mères et les pères dans les générations antérieures, mais dont, en plus, les effets se transmettent et se perpétuent plus particulièrement de mère en filles, ou de père en fils.

« On ne parle pas de ces choses-là ! » La seule explication que la mère de Marie trouve à donner à sa fille, pour justifier la façon dont elle s'est comportée avec elle, laisse percevoir le poids effrayant d'interdits émanant de cet « inconscient de lignée » qui a soutenu la maternité de cette femme. Ce « on », qui lui a toute sa vie défendu de parler de « ces choses-là », ne désigne personne d'autre que la *mère antérieure* qui lui interdit toujours, à 83 ans, d'aborder la question de la féminité avec sa fille.

Cette *mère antérieure* qui soutient, mobilise et cautionne celle que l'on est devenue est d'autant plus fortement idéalisée et chérie que l'inconscient la réduit au rang de fantôme. Mais elle est alors, aussi, beaucoup plus dangereuse pour les petites filles que le « père fantôme » à l'œuvre dans les colères des papas intraitables et frappeurs, car elle engendre d'inévitables catastrophes dans leur construction sexuelle.

La reproduction inchangée du maternel, repris tel quel d'une génération à l'autre, ne peut se transmettre qu'au prix d'une exclusion, plus ou moins radicale, de la féminité. Il est donc rare que ces transmissions se perpétuent plus de deux générations. Dès la troisième, cela provoque toutes sortes de troubles dans la descendance féminine des femmes. Lorsqu'une mère ne peut pas, face à sa fille, s'assumer femme, elle la prive du modèle dont la petite fille a besoin pour se construire et, de ce fait, la condamne à l'hystérie. Est-ce autre chose que la brutale rencontre de cette *mère antérieure*, assurant la souveraineté maternelle au détriment du féminin, qui a failli tuer Marie à son adolescence ?

La façon dont la fillette a perçu la première serviette hygiénique, tendue sans un mot par sa mère, en dit long. Confrontée à l'événement qui aurait dû la promouvoir au rang de femme et réjouir sa mère, ses yeux découvrent au contraire une maman qui, désemparée, lui tend une couche. Sans parvenir à n'y rien comprendre, elle voit, en réalité, ce que lui laisse percevoir sa télépathie d'enfant. A travers cette image, elle transcrit ce qui se passe à ce moment-là dans la tête de sa mère. Elle perçoit le drame dans lequel celle-ci se demande si ce beau bébé qu'a été Marie est, à tout jamais, perdu. Voyant une mère en proie au regret de ne plus pouvoir mettre des couches à son enfant et se sentant mise en demeure de rester à tout jamais le bébé de maman, la petite Marie fait le premier pas dans l'hystérie où elle va peu à peu sombrer.

L'hystérie de la fille provient toujours d'une douloureuse carence de paroles maternelles. C'est une absence de mots qui se dit par le corps, comme chez les bébés. Une étrange et subite régression à un stade antérieur du développement qui redonne au corps la faculté de s'exprimer à travers le seul registre des sensations, sur un mode sensitif apparenté à celui de l'orgasme.

Avant que Freud n'invente la psychanalyse, personne n'était en mesure d'expliquer les étranges douleurs de l'hystérie. En découvrant qu'elles se soignaient miraculeusement par la seule parole, Freud a compris que les douleurs hystériques étaient, en fait, la survivance sensitive de pensées n'ayant pu correctement se formuler dans l'enfance. L'hystérie n'a donc pas d'autre origine qu'une dramatique absence de parole maternelle. Les souffrances qu'elle provoque n'en restent pas moins obscures tant que l'on n'a pas compris ni ce qu'est l'hystérie de l'enfant ni comment elle s'installe.

Sans la médiation d'une femme adulte, une petite fille ne peut pas comprendre ce que représente le sexe masculin dans les affects et les sentiments féminins. Elle ne peut se représenter le rôle joué par son père dans sa venue au monde que si elle l'a, tout d'abord, rencontré dans la vie affective de sa mère. Or, que voient les fillettes qui, comme Marie, sont élevées par des femmes dont la droiture maternelle repose sur un effacement apparent ou réel de leur féminité ? Non seulement elles ne trouvent jamais la moindre trace du sexe de leur père dans la vie sentimentale de leurs mères, mais, à la moindre question indiscrète, elles se heurtent – comme elle à l'arrivée de ses règles – au fantôme de cette *mère antérieure* qui, telle la méchante sorcière, la fée Carabosse ou l'immortelle Grand-Mère, les réinstalle en position de bébé.

Ce que vivent alors les enfants est absolument terrible. Comment comprendre à cet âge tendre que sa maman, la plus belle de toutes les mamans, puisse sacrifier la vérité sexuelle de son enfant adoré pour continuer à faire vivre l'idyllique fantôme des relations à sa mère ? Ne pouvant se représenter la complexité des enjeux qui les confrontent à une mère soudainement devenue intraitable, paniqués par cette situation qu'ils ressentent comme un dangereux risque de destruction, et incapables de considérer que leur maman n'est peut être pas « la plus belle de toutes les mamans », les enfants y répondent à travers ce qu'ils croient percevoir du désir maternel : ils réintègrent instantanément une peau de bébé. Le drame qu'a déclenché l'enfant par son indiscrète question se résout dans un câlin et tout le monde oublie le fâcheux événement. Mais si, à chaque inévitable question sur la mort ou la sexualité, l'enfant se heurte à la même réaction, que se passe-t-il ?

Confrontés à une mère pour qui la dignité de son état repose sur une exclusion plus ou moins consciente de sa féminité, filles et garçons ne réagissent pas du tout de la même façon. Se sachant différent de sa mère, le petit garçon en est moins encombré. Y voyant une « infirmité » du « sexe faible », il en conclut que les femmes sont incapables de parler de sexualité. Cela l'engage, d'une part, à aller chercher réponse à ses questions du côté des hommes, de l'autre, à protéger sa mère de toute question malencontreuse.

Que sa mère soit frigide, prude, ou incapable de se montrer

comme un être sexué, le garçon s'en arrange plus ou moins. S'il y voit une caractéristique du « sexe faible », le seul risque qu'il encourt est d'attribuer à la seule existence de son pénis le fait de ne pas être aussi ignorant qu'une femme. Cela peut bien sûr encombrer sa construction sexuelle, mais rarement d'une façon très grave. Sa mère ne perturbe donc son évolution mentale et sexuelle que si elle lui interdit d'aller chercher ailleurs la réponse à ses interrogations. En revanche, lorsque anxieuse, elle ne peut supporter qu'il échappe trop longtemps à son indispensable protection, qu'elle éprouve l'impérieux besoin de l'entendre plus souvent gratifier sa bonté maternelle, ou qu'il est son seul vrai soutien dans la dure épreuve de la vie, c'est en toute innocence qu'elle le condamne à la névrose.

Dans ce cas, que fait le garçon ? Il apprend vite à devenir le petit « radiateur affectif » seul capable de rasséréner sa maman. Pour la conforter dans son statut de mère, il joue avec elle à la pelote chaude et malléable. Il n'oublie jamais ni son anniversaire ni la fête des mères, et nul ne voit que ce garçon, si brillant à l'école et si conforme au désir de sa mère, est en train de s'installer dans une grave névrose.

Le garçon ne peut trop longtemps servir de bouillotte affective à sa mère sans se vivre comme asexué. Pour pouvoir perpétuer de telles relations, il lui faut impérieusement oublier son identité de futur homme. Cela, tant pour se protéger lui-même d'une vision incestueuse des câlins avec lesquels il la rassure, que pour l'en protéger elle. Mais lorsqu'un petit garçon s'est ainsi, tout au long de l'enfance, appliqué à oublier l'existence de son sexe, à la première montée hormonale, il en est très curieusement embarrassé. Au lieu de pouvoir s'en réjouir, sa maturité sexuelle l'encombre. Adulte, il souffre d'inhibitions viriles et le thérapeute à qui il ira demander secours verra en lui tous les signes d'une névrose obsessionnelle. Voilà donc comment se constitue la forme masculine la plus courante de la névrose.

Sa forme féminine la plus fréquente, l'hystérie, a exactement la même racine. Elle est aussi la trace et la conséquence du danger d'involution que rencontrent les enfants lorsqu'ils sont élevés par des femmes pour qui l'éthique maternelle repose sur une mise à l'écart de toute parole sur le sexe et la mort. Si ce n'est qu'avec leurs filles ces femmes « toute-mères » les y condamnent encore plus rapidement.

Si celle qui lui a donné le jour ne peut assumer de se montrer à elle comme un être sexué, la fille se heurte beaucoup plus vite que le garçon à une situation inextricable. Elle ne peut pas aussi aisément que lui y voir une « infirmité » propre à son sexe, dont elle devrait s'arranger. Si elle le fait, elle se condamne à devenir ce qu'on appelle une « oie blanche ». Elle ne peut pas plus retourner ses questions du côté de son père, car, si une femme adulte ne joue pas entre eux les intermédiaires, elle s'y retrouve en position incestueuse. Ne pouvant donc espérer trouver ailleurs qu'en sa mère les réponses à ses interrogations, il lui est beaucoup plus difficile qu'au garçon de la protéger de ses questions. Pour elle, il est inconcevable que sa maman, la plus belle de toutes les mamans, puisse ne pas être fière des organes et de l'anatomie avec lesquels elle lui a donné vie. C'est d'elle, et d'elle seule, qu'elle attend les clefs de sa sexuation. Si donc sa mère l'élève dans un enclos aseptisé de toute parole sur le sexe et la mort, elle se heurte immanquablement au « dangereux secret » que représente la sexualité maternelle.

Le garçon redoute, de par son sexe, d'avoir à investir l'intimité de sa mère. Sa sœur ne peut pas aussi facilement se soustraire au désir d'investir son propre sexe en entendant sa mère parler du sien. Tout en elle la pousse à percer le « secret » d'une maman qui, inconsciente des dangers d'involution auxquels elle l'expose, fait en réalité tout pour lui laisser croire que les femmes peuvent exister et se reproduire indépendamment des hommes. Tel le papillon irrésistiblement attiré par la lumière où il se brûle les ailes, elle a tendance à la harceler. Mais si, la harcelant, elle la transforme systématiquement en « dragon de feu » ou en « mur de glace [1] », elle n'a alors nulle

1. Ce sont là, les deux images les plus courantes par lesquelles les enfants rendent compte, dans leurs dessins, de cette inextricable situation.

autre solution que l'hystérie pour arriver à protéger sa mère des questions qu'elle n'arrive pas à réprimer.

Il est particulièrement difficile à la fille d'arrêter de questionner sa mère. Plus elle tente de rejeter les questions que lui pose son sexe, plus celles-ci reviennent de façon compulsive. De ce fait, elle se heurte beaucoup plus souvent que son frère à la *mère antérieure* qui, mettant maman hors d'elle ou la statufiant sur place, fait régner le maternel au détriment du féminin. A chaque question malencontreuse, paniquée de l'avoir mise dans tel état, la petite fille y réagit en réintégrant instantanément sa peau de bébé. Malheureusement, le câlin qui succède à ce drame ne résout ni ses questions, ni sa compulsion à les reformuler. Les mères, elles, n'y voient que du feu car la fillette se contente de faire ce que font tous les enfants, dès qu'ils veulent capter l'attention de leur mère ou la soumettre à leur désir.

Lorsqu'un enfant veut expressément que sa mère adopte son point de vue, que fait-il ? Soit il se colle à elle, la câline, la pelote et se blottit dans son giron, soit il gémit, crie, pleure et se roule par terre. Dans les deux cas, il utilise l'un des deux modes d'expression privilégiés du bébé. L'enfant sait depuis longtemps déjà parler, mais sachant aussi qu'il n'obtiendra rien en se comportant comme un grand, il renonce au mode d'expression de son âge pour s'exprimer, comme un bébé, à l'aide de sa seule peau de sensations. Faisant ainsi retrouver à sa maman le nourrisson dont il l'a privée en grandissant, il obtient d'elle tout ce qu'il veut.

Gratifiées dans leur rôle, les mères ne perçoivent généralement rien à cette façon qu'a leur enfant de les manipuler. Elles y sont aveugles, car l'enfant comble alors en elles un désir inavouable, celui, incestueux et obscène, de le voir réintégrer la peau d'un nourrisson docile et malléable. Ne voulant pas reconnaître la dimension abusive de l'amour qu'elles lui portent, elles ne peuvent pas voir que l'enfant continue à se comporter comme un bébé uniquement pour elles. Lorsque, par exemple, leur petite fille qui, avec elles, n'arrête pas de geindre sans décoller de leur jupe a passé l'après-midi chez la voisine et que, le soir, celle-ci leur dit : « Oh, qu'elle a été sage ! D'elle-même, elle m'a aidée à essuyer toute la vaisselle ! Elle n'est plus du tout un bébé, comme la mienne ! » Qu'en concluent-elles ? Confrontées au fait que leur fille se comporte comme un bébé uniquement avec elles, il est rare que cela les amène à remettre en cause l'idyllique plaisir que celle-ci leur procure en essayant de faire croire qu'elle restera toujours le « bébé à sa maman ». Elles préfèrent penser qu'elle n'essuie la vaisselle que chez la voisine, par méchanceté ou pour toute autre raison aussi absurde. Mais, en réalité, la raison qu'elles y trouvent leur permet de maintenir d'autant mieux leur fille en position de bébé.

Pour la petite fille, cette situation devient tout à fait dramatique lorsque la complaisance à jouer au « bébé de maman » devient l'unique façon de dissoudre la glaciale rigidité ou la sombre colère que provoquent ses indiscrètes questions. Très rapidement, elle se retrouve dans un cercle vicieux. Ne pouvant ni renoncer à son impérieux désir de savoir ce qu'est une femme, ni espérer, comme son frère, trouver du côté du père la réponse à ces questions, elle ne peut pas plus se résoudre à susciter éternellement chez sa mère de tels états. Réapparaissant comme une démangeaison, ses interrogations deviennent donc très vite une épouvantable source d'angoisse. Ne pouvant plus ignorer ce que sa « curiosité malsaine » risque immanquablement de provoquer, terrorisée par le retour compulsif de ses questions et par le risque de voir une fois de plus sa mère se transformer en « mur de glace » ou en « dragon de feu », il ne lui reste, en fait, que l'hystérie pour arriver à la protéger de cet irrépressible désir de découvrir ce que sont les charmes de son sexe.

Pour mettre sa maman adorée à l'abri des « méchantes questions » qui la turlupinent, chaque fois que l'une d'elles se présente à ses lèvres, elle la réprime en cherchant à retrouver la seule chose qui soit arrivée à calmer sa mère au cours des scènes à répétition qu'elle a provoquées : elle réintègre sa peau de bébé. A partir de là, elle apprend vite à ne plus jamais provoquer la *mère antérieure* qui met la sienne dans un tel état. Elle limite les « vilaines questions » à celle du pipi-caca et n'exprime plus jamais les autres que par l'intermédiaire de sa peau de bébé. Dès que la question de la féminité se pose entre elle et sa mère, elle l'esquive d'un rire gêné, glousse, rougit, « fait sa timide », ou signale de toute autre façon que les petites filles ne doivent pas être trop curieuses de ces « vilaines choses ».

Devenant pubère, sa fraîche et naïve pudibonderie ne fera qu'augmenter ses charmes. Sous les regards plaisantins et attendris mais aussi souvent secrètement libidineux des amis de son père, à la moindre évocation scabreuse, soit elle devient pâle, fébrile, se tordant les doigts ou mordillant ses lèvres, soit elle pique un fard qui la submerge et baisse les yeux afin que nul ne puisse y déceler des désirs inavouables. Continuant ainsi à rassurer maman, personne ne soupçonne que la charmante rougeur de ses joues est, en fait, le seul mode d'expression de ses questions sexuelles, et que l'imperceptible tremblement qui la saisit à la moindre évocation des réalités charnelles est, lui, le premier signe de l'hystérie dont, adulte, elle souffrira.

Ayant passé toute son enfance à s'efforcer d'exprimer ses questions sexuelles par sa seule peau de sensation, à l'âge adulte, elle continuera à ne savoir le faire autrement. Dans les bras d'un homme, ne sachant que s'y blottir, elle n'aura aucun mal à le séduire, mais à la première contrariété risquant de l'opposer à sa mère, elle sera saisie d'étranges douleurs auxquelles nul ne comprendra rien. Constatant que celles-ci transgressent toutes les lois de la science, le médecin à qui elle ira demander de l'aide la déclarera hystérique.

Adulte, la femme hystérique continue sur le même mode à interpeller inlassablement celle qui lui a transmis son sexe. Voilà pourquoi Marie parle de son père en riant et de sa mère en pleurant.

Dans cette séance, Marie est toutefois beaucoup plus inquiète pour Angèle, sa fille, que pour elle-même.

Aux débuts de nos rencontres, Marie souffrait de « crises d'angoisse » où elle se sentait partir « hors d'elle ». Elle les attribuait à la « violente stupidité » de son père. Elle n'avait pas tout à fait tort, si ce n'est que cette explication ne modifiait rien à ce dont elle souffrait. Ces « crises » où elle s'effondrait, « comme saisie de l'intérieur par des tourbillons de vide », se déclenchaient la plupart du temps dans son rapport à Jean-Jacques, le père de ses enfants. A la moindre parole pouvant, à tort ou à raison, mais la plupart du temps à tort, lui laisser croire qu'il était insatisfait d'elle, elle se sentait aspirée par ces « tourbillons » qui, « vides », lui évoquaient la mort. Après des années de travail où elle m'a fait explorer dans ses multiples recoins la responsabilité d'un *père absent* et d'une *mère toute-mère* dans la constitution de sa névrose, ses crises s'estompèrent. Je n'en entendis plus parler à la suite d'une séance où, me parlant de Jean-Jacques, elle en résuma la cause dans un puissant éclat de rire : « Tout ça, en fait, parce que j'avais peur qu'il me renvoie chez ma mère !... »

Or depuis quelque temps, ces crises réapparaissent d'une façon différente. Ce ne sont plus les demandes réelles ou hypothétiques de Jean-Jacques qui la confrontent au « précipice insondable » que cachait pour elle le « mur de silence » d'une mère follement aimée. Ce sont les insignifiants petits détails avec lesquels sa fille semble à ses yeux la provoquer, qui la mettent dans un état lui rappelant les crises dont elle souffrait. C'est pourquoi elle attribue à son hystérie ce qu'elle ressent au cours des scènes avec Angèle. Mais ce qu'elle y vit et m'en décrit est très différent. Elle ne me laisse plus entrevoir une enfant prise de panique et de vertiges devant le vide où l'a laissée sa mère. Elle s'y perçoit rigide et froide, telle qu'enfant elle la percevait. Voilà ce qui, aujourd'hui, l'effraye. La demande de guérison qu'elle m'adresse n'est donc plus tout à fait la même. Ce n'est plus celle d'une femme effrayée par l'idée obsédante de n'en être pas vraiment une, et ayant pour seule volonté de trouver une réponse à cette question, mais celle d'une mère angoissée du rôle qui est le sien dans la construction de sa fille.

Marie aborde donc, dans cette séance, une nouvelle dimension de son travail avec moi. Ayant déjà largement résolu les questions que lui posait sa vie affective et sexuelle, elle affronte maintenant celles que lui pose sa vie de mère. Or, si l'inconscient de la femme peut, sans trop de dommages, être considéré comme individuel, il n'en va pas de même pour celui de la mère, qui, lui, est structuré par la présence de la *mère antérieure* : une instance inconsciente incontournable puisqu'il s'agit de celle qui l'autorise à assumer sa maternité.

En me racontant qu'elle se perçoit avec Angèle comme une mère « intransigeante et rigide » qui lui rappelle la sienne, ce n'est plus d'elle seule dont elle me parle. C'est autant d'elle, de sa mère, que d'Angèle. M'avouant sa peur de répéter avec sa fille ce qu'a fait sa mère avec elle, elle me signale, désespérée, de quelle façon elle perçoit, en elle, la présence indésirable de cette *mère antérieure* à laquelle se heurte sa fille. La question qu'elle soulève dans cette séance porte ainsi, non plus sur sa seule personne, mais sur la transmission de la féminité au sein d'une lignée de femmes. Si donc j'essayais de comprendre la problématique inconsciente qui sous-tend son propos en la référant à un inconscient strictement personnel ou individuel, je n'y comprendrais rien.

Provoquées par Jean-Jacques, ses crises me signalaient qu'elle souffrait dans sa féminité, alors que, provoquées par Angèle, elles me signalent qu'elle souffre dans sa descendance. C'est pourquoi j'ai alors en tête une conception transgénérationnelle de l'inconscient, dans laquelle l'inconscient maternel est tout d'abord un *inconscient de lignée* dont la structure se duplique et se reproduit d'une génération à l'autre.

Sans cette remise en cause de la théorie freudienne, mon écoute ne pourrait prendre, tout à la fois, en charge la santé mentale de Marie et celle de sa fille. Lorsqu'une mère est, comme dans cette séance, beaucoup plus préoccupée du devenir de son enfant que du sien propre, il est en fait assez stupide de la renvoyer à la constitution individuelle de son inconscient, tel que cela est enseigné dans les écoles de psychanalyse freudienne. Si j'avais écouté Marie dans cette optique, elle n'aurait pu que se mettre, une fois de plus, à explorer les étranges « prouesses » qu'il lui a fallu accomplir, enfant, pour protéger sa mère de ses questions sur le sexe, le corps et la mort. Cela n'aurait rien résolu entre elle et sa fille, et elle n'aurait pu que tourner en rond, en s'enfermant dans ce que Freud a, lui-même, appelé une « analyse interminable ».

Comme sa mère à son âge, Angèle se heurte à une *mère antérieure* prenant les traits de sa grand-mère. La situation qui, ainsi, se répète d'une génération à l'autre est pourtant assez différente. Ce n'est pas l'incapacité de Marie à répondre à ses questions sexuelles qui pousse Angèle à harceler sa mère. C'est son refus de lui expliquer pourquoi elle passe autant de temps chez un psychanalyste, plutôt que de le passer avec elle. J'ai déjà conseillé à Marie d'en expliquer les raisons à sa fille, mais ne voyant comment y arriver sans parler de sa propre mère, elle s'y est refusée par peur de ternir l'image qu'Angèle a de sa grand-mère. De plus, Marie n'a, elle, jamais connu sa grand-mère et le regrette, alors qu'Angèle aime beaucoup cette « rigolote grand-mère » qui commence, comme elle le dit elle-même, « à perdre un peu la boule ».

Plusieurs fois déjà, Marie m'a parlé des malaises qui la saisissent lorsque sa vieille maman, sortant de son puritanisme coutumier, se met à parler joyeusement de ses urines ou de ses selles, en agrémentant ses propos de plaisanteries qui, à l'exception des enfants, plongent tout le monde dans l'embarras. La dernière fois où Marie m'en a parlé, c'était pour m'en dire : « Quand elle fait ça, je deviens verte et n'ai plus qu'une seule envie : disparaître trois pieds sous terre ! » Elle a alors associé cet « insupportable dégoût », teinté de honte et de panique, provoqué par le gâtisme approchant de sa mère, à cette « couche » qu'elle a cru voir dans sa première serviette hygiénique. Y repensant, j'essaye de me représenter la façon dont Angèle perçoit, dans sa vie quotidienne, la grand-mère à laquelle elle se heurte dans l'inconscient de sa mère. A travers ce que m'en dit Marie, rien n'indique qu'Angèle soit troublée par la scatologie de sa grand-mère. Ce qui bouleverse dramatiquement sa mère, semble, elle, plutôt l'amuser. C'est Marie, et non Angèle, qui n'arrive pas à dissocier la « grand-mère fantôme », qu'elle perçoit à l'œuvre dans leur impasse relationnelle, de celle qui, bien vivante, commence « à perdre un peu la boule ». Cherchant donc le moyen de lui faire entendre qu'Angèle est, en réalité, loin d'être aussi bouleversée qu'elle par le gâtisme scatologique de sa grand-mère, je lui demande :

« N'est-ce pas Angèle qui vous a fait remarquer que Mamie ne parlait que de pipi-caca ? Et ne serait-ce pas cela que vous redoutez d'avoir à affronter avec elle ?

– Mais je ne peux tout de même pas dire à Angèle que ma propre mère en arrive à me dégoûter !... C'est insupportable à dire ! Même ici !... A ces moments-là, elle est obscène. Elle ressemble à un gros bébé !

– Un gros bébé ? »

Vieillissante, la mère de Marie ne fait qu'affirmer, dans un semi-gâtisme, ce qu'elle a, en fait, soutenu toute sa vie : que la seule sexualité qui puisse se dire à haute voix est celle du tube digestif. Or cette sexualité étant celle du bébé, l'expression employée par Marie a frappé mes oreilles. Et comme, se taisant, elle semble n'avoir rien à ajouter à ce qu'elle vient de dire, je lui précise le sens de mon interrogation :

« Essayez-vous de me faire entendre qu'en voyant votre mère comme un gros bébé vous êtes prise de panique et d'angoisse à l'idée que ce gros bébé puisse vous demander d'être la maman qui lui manque depuis si longtemps ? »

Interloquée, Marie se tait. En silence, elle sèche ses larmes, et je mesure l'impact de mes paroles à la soudaine tranquillité qui règne dans mon bureau.

Il est épouvantable pour une femme hystérique d'être confrontée à la scatologie de sa mère. Y voyant une mère qui ne s'anime qu'à l'évocation d'une sexualité de bébé, elle est du même coup confrontée aux raisons qui l'ont, elle, condamnée à l'hystérie. Les paroles les plus importantes de cette séance venant d'être prononcées, Marie n'y ajoutera rien, et je la laisse tranquillement y penser en silence. C'est sur le pas de la porte que, retrouvant son sourire pour me remercier, elle me signalera le caractère décisif de cette séance :

« J'aurais à vous en reparler, mais je crois avoir compris pourquoi il est nécessaire que je parle à Angèle. Et riant à nouveau : en vous entendant parler je me voyais comme une tranche de jambon prise en sandwich entre ma mère et ma fille. Je crois que vous avez raison, on ne peut pas donner le sein de tous les côtés à la fois. »

Donner son nom à l'enfant

Mai 1995.

Je ne sais trop ce que je suis venu faire dans ce vernissage où m'a traîné un ami. Cherchant à me frayer un passage vers la sortie, j'ai décidé de disparaître sans l'attendre lorsqu'une femme à la haute stature m'interpelle d'un large sourire :

« Henri m'a dit que vous étiez psychanalyste. Je ne suis qu'une modeste poétesse, mais la psychologie m'a toujours intéressée. Pouvez-vous m'expliquer quelque chose : pourquoi les psychanalystes attribuent-ils une telle importance au nom du père ? Ma fille n'a jamais porté d'autre nom que le mien et cela ne l'a pas empêchée de devenir une artiste connue ! Les Portugais qui portent le nom de leurs deux parents n'ont-ils pas raison de préférer le libre choix... »

Malheureusement pour cette charmante femme, je n'ai, en cet instant, aucune envie de disserter sur les us et coutumes des Portugais en matière de transmission du nom. J'ai écouté des clients toute la journée et mes oreilles supportent mal cette foule bruyante où il me faut jouer savamment des coudes pour ne pas étouffer. En m'excusant, je m'éclipse.

La rue des Saints-Pères est aussi pleine de voitures que la galerie l'est de monde. Dans l'atmosphère électrique et tendue des automobilistes prêts à s'entre-déchirer, la circulation y piétine. Tout au plaisir de mes membres retrouvés, prenant la direction des quais, je me demande :

Combien de fois m'a-t-on déjà posé cette question : « A quoi sert donc le nom du père ? » Est-ce une autre version de ce « Où sont donc passés les pères ? » que claironne dans mon bureau la souffrance de ceux qui s'y confient ? N'est-ce que l'écho du peu de crédit que notre confortable Europe en construction semble leur accorder ? Ou n'est-ce pas plutôt que cette « folie juridique », ayant destitué les papas de devoirs qui étaient les leurs depuis des millénaires, aurait jeté les mères dans des angoisses jusque-là inconnues ?

Marchant à grandes enjambées, je les revoie qui, une à une, défilent dans mon bureau en m'interpellant sur les papas et la paternité. Provocatrices ou timides, séductrices ou hargneuses, naïves ou revendiquantes, qu'elles me prennent à témoin du peu d'appui qu'elles trouvent en eux, ou qu'au contraire elles affichent fièrement la capacité à fort bien s'en passer, c'est toujours sur le statut du père que les mamans interrogent le représentant de ma profession. Sondent-elles ainsi la « Pythie analytique », en nourrissant le secret espoir d'y rencontrer un son de cloche nouveau, qui puisse les soulager de la sourde et silencieuse panique de ne plus savoir où trouver à quoi peut bien servir le père ?

Je ne peux admettre que l'homme occidental ait définitivement tourné le dos à ses plus vieilles traditions, et comme je ne trouve guère plus admissible que l'on puisse considérer le « nom du père » comme la dernière relique d'un statut en voie de disparition, me voilà et train d'imaginer ce que j'aurais pu répondre à cette femme :

La transmission d'un nom de famille ne privilégie pas plus le père que la mère. L'enfant ne pouvant être que le produit des deux, c'est une tradition qui ne concerne pas la différence des sexes, mais la construction mentale de l'enfant. Et puisque vous interrogez un psychanalyste, dites-vous que le « nom du père » n'a été hissé au rang de concept analytique par Jacques Lacan que très récemment. Dans son œuvre, c'est un concept qui atteste de ce qu'il a, toute sa vie, soutenu : la nécessité de redonner quelque poids au langage en le chatouillant dans ses lourdeurs matérialistes. Pour lui, comme pour la Bible, ce concept témoigne du rôle très particulier revenant aux pères dans l'épanouissement psychique des enfants et, par voie de conséquence, dans celui de la civilisation. Il ne faut pas croire que les propos des psychanalystes auraient plus de valeur que nos vieilles traditions. Le « nom du père » est un concept qui date de la nuit des temps, de nos racines grecques tout autant que religieuses. Si vous appréciez que votre enfant n'oublie pas la fête des mères, demandez-vous aussi quel heureux événement fête cette vieille tradition qui veut que les papas accueillent dans leur nom les enfants qu'ils reconnaissent comme le fruit de leurs désirs. Le « nom du père » commémore l'un des événements les plus importants de la civilisation : l'apparition de l'écriture.

Arpentant le quai Malaquais, en imaginant les yeux surpris de celle à laquelle je m'adresse dans ma tête, je m'empresse d'argumenter :

Dans les temps les plus reculés de notre histoire, la filiation au sein des groupes sociaux est tout d'abord matrilinéaire. Les êtres humains mettent un certain temps à découvrir le rôle joué par la sexualité dans l'arrivée des enfants. Ils ne comprennent pas tout de suite le rapport existant entre l'activité sexuelle et la fertilité des femmes. C'est par exemple ce qui apparaît dans le livre de Malinowski [1] sur les populations des îles Trobriand de la Nouvelle-Guinée. Les Trobrianais ne pensent pas que la sexualité est responsable de la procréation. La fertilité des femmes provient, pour eux, de l'Océan. Elle ne dépend pas des hommes, mais des bains qu'y prennent les femmes. Cela n'empêche pas les Trobrianais d'attribuer dans leur vie, leurs rituels, leurs danses et leurs festivités, une place très importante à la sexualité qui, du fait qu'on en ignore les conséquences, est beaucoup plus libre que dans d'autres sociétés. Les femmes y épousent des hommes mais, se croyant issus de l'Océan, leurs enfants ne les considèrent pas comme des pères. Leur « papa » est leur oncle maternel. Pour les Trobrianais, la procréation n'impliquant pas l'homme, ce sont les frères de la mère qui assument la tutelle des enfants.

Cette situation se modifie sous l'effet d'une prise de conscience fondamentale dans l'histoire de l'humanité, des mœurs et de la civilisation, celle par laquelle l'homme vivant avec sa femme découvre que l'enfant qu'elle a mis au monde lui ressemble, qu'il existe donc une continuité d'identité entre lui et cet enfant sorti d'un autre corps que le sien. Cette prise

1. Bronislaw Malinowski, *Les Argonautes du Pacifique occidental*, Gallimard, Paris, 1989.

de conscience va, peu à peu, conduire à instaurer une transmission patrilinéaire attribuant à l'enfant le nom de son père. Or, les sociétés matrilinéaires semblent ne pas avoir éprouvé le besoin d'inventer d'écriture. Ni les Touaregs du Sahara, ni les Locriens, voisins des Athéniens, ni les Lyciens, « dont Hérodote dit qu'ils portent le nom de leur mère », ni les Germains, dont Tacite explique qu'« ils viennent juste de remplacer leur filiation maternelle par une filiation paternelle », ni « les Pictes d'Ecosse où les fils ne succèdent pas aux pères [1] », ni les Etrusques, qui empruntèrent l'alphabet grec, n'ont inventé de système d'écriture qui leur soit propre. Les sociétés matrilinéaires n'ont, de ce fait, produit « aucune grande civilisation [2] ».

Tant que les hommes n'ont pas pris conscience qu'ils ont à transmettre à des enfants de leur sang l'expérience de leur propre vie, il apparaît donc qu'ils n'éprouvent aucunement le besoin d'inventer une écriture. La prise de conscience de leur rôle dans la procréation et l'éducation des enfants est, du même coup, le pas le plus important de toute civilisation. Prenons l'exemple de la Grèce antique. Cette culture se présente comme une époque de l'Antiquité où l'activité de pensée a été telle que nous en sommes encore profondément imprégnés. Il y a certes de multiples raisons à cela, mais la première est la façon dont l'homme grec se considère. Les anciens Grecs avaient une conception de la parenté diamétralement opposée à celle des Trobrianais. Ils considéraient que l'embryon ne devait son existence qu'aux testicules de l'homme. Ils ne reconnaissaient aucune autre filiation que paternelle, la mère n'étant pour eux « qu'une sorte de nourrice, biologiquement étrangère au petit dont elle accouche [3] ». Or que nous apprend la psychanalyse ?

Elle nous apprend que l'intelligence, la vivacité et la santé mentale d'un enfant dépendent en premier lieu de sa capacité à s'identifier à quelqu'un d'autre que sa mère, et donc de son

1. Evelyne Sullerot, *op. cit.*, p. 33.
2. *Ibid.*, p. 37.
3. *Ibid.*, p. 35.

droit à référer son existence à une autre personne qu'elle. L'essor intellectuel de la civilisation grecque est, par là même, directement lié au fait que les enfants n'y étaient, socialement et juridiquement, référés qu'à leur père.

De nos jours, tant au niveau du droit que de la médecine, tout semble prendre le contre-pied de la Grèce antique. La procréation médicalement assistée tend à « réduire la figure paternelle à une goutte de sperme [1] », et les gouvernements ne se soucient pas outre mesure de voir les pères soudainement disparaître de l'univers des enfants. Pourra-t-on toutefois longtemps continuer à négliger le point de vue des psychanalystes d'enfants, pour qui cet état de fait est effrayant ? Les nouvelles juridictions sont en effet terriblement dangereuses pour la santé mentale des enfants, mais elles le sont aussi pour notre santé collective et sociale.

Que la vitalité sociale et la santé des civilisations dépendent de la place qu'elles octroient aux pères est certain. Cela n'implique pas pour autant, qu'il faille prôner le retour à un patriarcat moyenâgeux. Rétablir le père à la place qui doit être la sienne, ce n'est pas destituer la mère. C'est ouvrir les yeux sur la première des conditions nécessaires au développement mental de l'enfant : prendre en compte le fait que sa santé n'est pas seulement une affaire de corps.

Il s'agit de reconsidérer, beaucoup plus sérieusement que cela ne l'a été fait jusqu'alors, les lois qui depuis 1970 ont destitué les pères, plus ou moins radicalement, de leurs droits de tutelle. De les reconsidérer au regard de ce que n'ont pas pris en compte les juristes et les députés qui les ont promulguées : que l'individu, et à plus forte raison l'enfant, ne peut être appréhendé comme un être humain à part entière s'il est considéré comme le produit du seul corps de sa mère.

L'homme et la femme transmettent tous deux autant le corps que l'esprit. L'enfant est autant le produit du sperme de son père que des pensées avec lesquelles sa mère a accueilli cette

1. Geneviève Delaisi de Parseval, *op. cit.*

semence. Mais s'il doit autant à l'utérus de sa mère qu'au désir de son père, ce dernier est plus particulièrement responsable de sa construction psychique. L'homme ne peut porter l'enfant dans son ventre. Il n'a que la tête où l'attendre. Il est donc théoriquement mieux placé que la femme pour le concevoir comme le produit d'échanges et de transmissions mentales.

Ce point de vue est, en fait, comme nous le verrons à propos des rituels de couvade, défendu par toutes les traditions. Mais dans une société profondément structurée par la technicité, l'économie, la rentabilité et la primauté des valeurs matérialistes, la plupart des hommes oublient, s'ils ne l'ignorent, qu'être père est avant tout un acte de pensée. Libérant quelques centaines de millions de spermatozoïdes à chaque orgasme, il leur est difficile de vivre l'éjaculation comme un don de corps. Ce faisant, ils privilégient le rôle de leur compagne au détriment du leur et ne savent plus ce que les hommes grecs ne pouvaient ignorer : qu'être porté et attendu dans la tête d'un père est tout aussi important que d'avoir une mère. Ces hommes assument la présence de l'enfant, travaillent pour lui, le nourrissent, mais n'ayant pas la moindre idée du rôle qu'ils ont à jouer dans sa construction psychique et spirituelle, ils ignorent qu'être père c'est être garant de sa santé mentale.

Le nom que l'on donne à porter à l'enfant est le pivot de sa structure mentale. L'accueillir dans son nom, c'est l'accueillir dans le langage et assumer d'être pour lui une instance constructive se démarquant de sa mère. Accueillant l'homme et sa semence, la mère accueille l'enfant dans son corps pour qu'il y construise le sien. Reconnaissant le bébé qu'elle met au monde, le père l'accueille dans ses structures mentales pour qu'il y enracine les siennes. Voilà la principale raison qui justifie que les pères donnent leur nom aux enfants. Se reconnaître père, c'est assumer d'être une instance responsable de l'enfant, mais c'est surtout se positionner face à lui d'une façon radicalement différente de celle qui le relie à sa mère. L'accueillir dans son nom, c'est le reconnaître comme le fruit de son désir, mais c'est aussi et surtout le considérer comme le fruit d'une pensée antérieure à sa conception matérielle.

Chez les êtres parlants que nous sommes, éjaculer n'est que la conséquence d'un acte de pensée. Reconnaître un enfant est, de ce fait, l'accueillir dans les pensées, les affects, les sentiments et les propos, qui ont décidé de sa venue. Un père ne fait pas connaissance avec son bébé. Il le reconnaît. Or, que reconnaît-il en son enfant, si ce n'est le désir lui ayant permis de le faire ! Il n'existe pas d'autre raison à l'emploi de ce mot. Voilà ce que représente le « nom du père ». Il représente la somme d'affects, de plaisirs, d'échanges et de pensées qui ont permis à deux cellules de se rencontrer dans le corps d'une femme.

L'homme n'existe pas que dans son corps. Il existe aussi dans le langage. L'utérus est la matrice de son existence corporelle. Le nom est celle de sa vie mentale. Lorsqu'on dit que l'être humain est un être de langage, cela signifie que son existence psychique, sa vie et son destin, dépendent beaucoup plus de la place qu'il a occupée dans les paroles avec lesquelles ses parents se sont aimés, haïs ou ignorés que de l'acte sexuel qui lui a donné corps. Cacher à l'enfant la vérité des propos dits ou non dits, la vérité des mots et des sentiments ayant présidé et décidé de sa conception, est donc une usurpation. Car c'est le priver de tout accès à ce qui est, en réalité, le « socle immatériel » sur lequel repose sa vie psychique.

La conception d'un enfant est forcement double : mentale et corporelle, immatérielle et matérielle. Or, la première de ces deux conceptions, la *conception immatérielle* de l'enfant, est tout aussi fondamentale que sa *conception matérielle.* D'une part, parce que la conception matérielle en dépend, mais surtout parce qu'elle installe les bases sur lesquelles l'enfant aura à se construire.

Le rôle que joue dans le développement mental de l'enfant cette première conception, sa *conception mentale,* est absolument incontournable. Nous aurons à y revenir. C'est ce que dévoilent toutes les formes de désordres mentaux, et nous verrons au chapitre suivant de quelle façon les enfants fous, les enfants psychotiques, me l'ont appris. Si un enfant ne peut percevoir dans les paroles de sa mère aucun signe, aucun mouvement, aucun affect lui signalant que les paroles qu'elle a échangées avec un homme sont à l'origine de sa présence, s'il lui est interdit de se représenter une époque où il n'était fait que de mots et de désirs, il risque de n'éprouver aucun besoin de parler. Et le premier thérapeute à qui sa mère ira en demander explication le qualifiera de psychotique.

Etre parents implique autant la reproduction du corps que la reproduction de ses structures psychiques, la transmission et la pérennité de sa langue, de sa culture et de ses traditions. La psyché se construit de la même façon que le corps, en puisant des matériaux à l'extérieur de soi. C'est ce que fait l'enfant, en s'identifiant à ses parents. Or, si sa construction mentale ne dépend que d'une seule personne, privé du droit à puiser les matériaux qui lui sont nécessaires ailleurs qu'en sa mère, il risque de se structurer, comme le font les enfants psychotiques, en se construisant comme une marionnette, répondant plus ou moins parfaitement au désir de sa maman, mais incapable d'assumer la moindre indépendance.

Que les êtres humains en soient conscients ou qu'ils le dénient, la mise au monde d'un enfant sans père est toujours un drame pour la psyché humaine. La construction matérielle et physique de l'enfant peut s'effectuer sans autre tuteurage que celui de la mère. Elevé par une seule personne, il n'en grandit pas moins. Il n'en va, par contre, pas du tout de même au niveau de son développement mental. Dépourvu de la possibilité de s'identifier à une autre personne que sa mère, l'enfant ne peut comprendre qu'il sera, un jour, en droit et en devoir de la quitter. Au mieux, il ne pourra plus à l'adolescence la voir autrement que comme une prison. Au pire, il restera à tout jamais son bébé, comme les adolescents psychotiques.

Donner son nom à l'enfant n'est donc pas un acte anodin. Les hommes sont toutefois rarement conscients de l'importance de cet acte. Les idéologies dominant le monde où nous vivons privilégient le corps, son apparence, sa matérialité, et le font au détriment des valeurs morales, de la pensée et de l'éthique, dont dépend pourtant la santé mentale. Reconnus avant tout en fonction de ce qu'ils gagnent, les pères ont ainsi, de nos jours, tendance à oublier la place qui leur revient dans la transmission des valeurs spirituelles. Ils oublient que la paternité est tout d'abord un acte d'accueil et, secondairement, un acte matériel. Et ils réduisent ainsi leur rôle à celui d'un porte-monnaie.

Assumer d'être père, c'est accueillir l'enfant dans son statut d'humain. L'accueillir dans son nom, c'est lui offrir un lieu à partir duquel il établira ses règles de vie, sa morale, ses idéaux, son éthique et sa solidité mentale.

L'enfant construit son éthique de vie, sa droiture et ses idéaux, en s'identifiant au nom qu'on lui donne. L'honneur est, de ce fait, une qualité indissociable du nom. Impliquant des comportements provenant de l'identification à un nom de famille, les valeurs qui y sont attachées dépendent de la façon dont a été transmis le nom. Encore faut-il que les pères sachent que donner son nom à un enfant, c'est installer une matrice qui lui permettra plus tard de construire sa propre autonomie mentale. Or, ce n'est pas du tout ce que l'on constate dans tous les centres psychopédagogiques, les CMPP, les hôpitaux et autres institutions qui prennent en charge l'évolution mentale de l'enfant. Dès qu'on les questionne, on s'aperçoit que la plupart des hommes transmettent leur nom sans en mesurer la portée. Ils le font, car tel est l'usage. Ils font comme leurs pères ont fait, mais si on leur demande d'y réfléchir, ils n'y trouvent aucune signification particulière.

Cette absence de pensée sur le rôle du père dans l'autonomisation et le développement de l'enfant est à l'origine de tous les troubles mentaux. Or, à ce niveau, donner son nom ne veut rien dire si ce n'est pas un acte d'amour. Le nom est le centre de l'identité mentale, mais s'il est transmis sans aucun affect, sans aucune émotion, il ne peut pas être investi par l'enfant comme la matrice de sa personnalité. Lorsqu'on interroge les pères des enfants souffrant de troubles mentaux sur les sentiments ayant décidé de leur paternité, ils nous racontent très souvent qu'ils ont déclaré leurs enfants sans y prendre le moindre plaisir. Ils l'ont fait de façon machinale sans éprouver le plus petit mouvement de cœur. Ce n'est pas qu'ils n'assument pas les conséquences de leur sexualité. Ce sont le plus souvent des époux très fidèles, mais leur filiation les traverse sans vraiment les concerner. Faire des enfants est pour eux l'affaire des femmes, leur rôle se limitant à l'entretien du foyer. Ils ne désertent pas la paternité, mais elle ne signifie rien dans leurs structures profondes. La transmission du nom a été pour eux-mêmes un acte vide. Et transmettant leur nom sur le mode où leur propre père l'a fait, ils ignorent que ce don est garant de l'identité mentale de leurs enfants.

Si l'on cherche à comprendre comment ces hommes ont assumé l'arrivée d'enfants en étant à ce point eux-mêmes dépourvus d'affects paternels, l'on s'aperçoit que tout, dans leurs choix de vie, leur mariage et leur paternité, s'est passé comme si c'était leur propre mère qui en avait décidé pour eux. Ils ignorent la joie qu'éprouvent généralement les hommes à donner leur nom, car dans leurs structures profondes, devenir père ne dépend pas d'un *père antérieur*, mais d'une *mère antérieure*. Contrairement aux papas colériques et frappeurs qui, comme celui de Marie, tentent désespérément de donner vie à un « père fantôme », en répétant à la lettre la façon dont le leur n'a jamais été présent, ces pères sont souvent d'une douceur absente qui les privent de toute consistance. La paternité ne repose pas, pour eux, sur des idéaux masculins. Elle se limite à être le complément d'une maman. Soutenant la maternité de leur épouse sur le mode par lequel ils ont suivi, enfants, leur propre mère, ils se situent face à leurs enfants, non pas comme des pères responsables de leur présence, mais comme une sorte de « grand frère » aidant maman dans sa lourde tâche.

III

LA PLACE DES GRANDS-PARENTS DANS LA FOLIE DE L'ENFANT

La reine mère, le père charmant et le fils étrangleur

Monsieur et madame de Montalenvert sont des gens aisés. Tout irait bien pour eux s'il n'y avait Richard. Richard a 14 ans. Un enfant, me dit Madame au téléphone, qui a « toujours posé problème ». Un enfant pour lequel elle a « tout sacrifié ». « Si je n'ai jamais travaillé, ni souhaité avoir d'autres enfants, ajoute-t-elle, c'est à cause de lui. Richard n'a jamais été normal. Je m'en suis très vite aperçue. C'est notre deuxième enfant. Sa sœur ne nous a jamais donné de tels soucis. Elle va avoir 17 ans. Elle est bien sûr en pleine crise d'adolescence, mais comment voulez-vous qu'avec un frère comme Richard une enfant de cet âge ne soit pas perturbée ! »

Ne comprenant toujours pas de quoi souffre Richard, ni pourquoi elle m'appelle, je le lui fais remarquer. En réponse, elle soupire et, dans un sanglot étranglé, elle ajoute :

« C'est madame Dolto qui m'a donné votre adresse, nous sommes désespérés !

– Mais de quoi souffre donc Richard ?

Il faudra encore une bonne dizaine de minutes avant que je puisse comprendre la nature du drame pour lequel on me sollicite. Cela fait dix ans que madame de Montalenvert fréquente madame X, une psychanalyste qui a accepté de prendre Richard en cure lorsqu'il avait 4 ans.

– J'avais une excellente relation avec cette femme, poursuit-elle à l'autre bout du fil. Richard aussi l'aimait beaucoup, mais il y a eu la montée hormonale et sa relation thérapeutique s'est peu à peu détériorée. En grandissant, il est devenu violent. Il a, à plusieurs reprises, cherché à l'agresser, jusqu'au jour où il a carrément failli l'étrangler.

Madame de Montalenvert ne peut plus cacher le glacial chagrin qui la submerge :

– Imaginez, qu'il a même essayé de m'étrangler, moi, sa mère ! Nous ne pouvions pas refuser l'internement, mais mon mari l'a très mal supporté et, en désespoir de cause, j'ai eu l'idée d'appeler madame Dolto.

– Et pourquoi n'est-ce pas lui qui m'appelle ?

– Il est au Japon. Il travaille énormément, il est toujours en déplacement. C'est moi qui m'occupe de tout.

– Et il rentre quand ?

– Mardi prochain.

– Dites-lui donc que je ne peux recevoir un enfant avant d'avoir rencontré son père. »

Monsieur et madame de Montalenvert n'arrivant pas à trouver un horaire commun, je les reçois séparément. Madame tout d'abord qui, volubile, me parle abondamment du travail analytique qu'elle a poursuivi avec la psychanalyste de son fils.

Au bout de trois quarts d'heure d'entretien, j'ai longuement entendu parler de cette analyste, de sa mère à elle, de Richard et de sa sœur aînée, mais je ne sais toujours rien de son conjoint :

« Et votre époux, quelle place a-t-il tenue dans ce travail ?

– C'est certainement là le problème, me répond-elle, en personne avertie, mon mari n'a jamais voulu rencontrer cette femme. »

J'ouvre de grands yeux étonnés et je me tais, perplexe. Il est pour moi tout à fait scandaleux d'entreprendre une psychanalyse avec un enfant de moins de 7 ans sans y impliquer ses deux parents. Cette façon de dénier qu'on ait besoin de deux parents pour se construire viole l'une des règles les plus fondamentales de l'analyse d'enfant. Mais sachant que Françoise Dolto est la seule psychanalyste à l'avoir clairement énoncé, je préfère attendre ce que monsieur de Montalenvert aura, lui-même, à m'en dire. Je me contente d'exprimer mon étonnement face à ce travail thérapeutique qui semble s'être embourbé dans la monoparentalité maternelle.

Quelques jours plus tard, je reçois monsieur de Montalenvert. Autant son épouse a l'élocution rapide, parle abondamment et noie ce qu'elle a à dire sous un flot de détails inutiles, autant, lui, semble mou et apathique.

« Vous pourriez peut-être me poser des questions, avance-t-il, timide, après que se fussent écoulées cinq bonnes minutes de silence.

– Racontez-moi ce qui vous amène ici.

D'une voix lente, se voulant aussi neutre que digne et pesant ses mots, il entreprend de me parler de Richard, de la douleur qu'a été son internement et des problèmes que leur pose depuis toujours cet enfant. Il lui faut un bon quart d'heure avant de pouvoir me laisser percevoir la blessure narcissique que représente pour lui Richard :

– Non seulement, il ne saura jamais lire et écrire, mais, après dix ans de thérapie, il n'arrive toujours pas à aligner plus de deux phrases compréhensibles ! Comprenez-moi, c'est mon seul fils, le seul héritier du nom !

Mais, lorsque je l'interroge sur ses rapports avec l'analyste qui a suivi pendant dix ans l'héritier des Montalenvert, il me déclare :

– J'ai toujours voulu la rencontrer, mais je n'ai jamais pu obtenir de rendez-vous avec elle.

Je ne peux cacher mon étonnement :

– Ah bon ! Vous n'avez jamais pu la rencontrer ! Mais quelle idée aviez-vous alors du travail qu'y faisait votre épouse ? Vous en parliez avec elle ?

Il me regarde avec des yeux ronds, ne comprenant visiblement pas le sens de ma question.

– Votre femme m'en a donné une tout autre version. Elle m'a dit que c'était vous qui aviez toujours refusé de rencontrer cette analyste !

Mes paroles ne semblent pas le bouleverser outre mesure :

– Non, c'est elle qui n'a jamais voulu me recevoir ! »

Et comme il n'a rien d'autre à dire, le silence s'installe. Je lui déclare donc que je veux bien, comme ils me l'ont tous les deux expressément demandé, rencontrer Richard pour prendre connaissance de sa version des faits, mais qu'il ne me paraît néanmoins pas souhaitable d'entreprendre un travail avec lui tant que ceci n'est pas éclairci. Nous décidons donc de nous revoir, mais cette fois avec son épouse, afin de pouvoir tout d'abord comprendre ce qui l'a ainsi exclu de tout rapport avec madame X.

La seule raison pour laquelle Richard a agressé sa psychanalyste est, comme nous allons le voir, cette radicale mise à l'écart de son père. Or, indépendamment du jugement que l'on peut porter sur le travail de cette thérapeute, cela indique à quel point monsieur et madame de Montalenvert ne savaient pas dialoguer. Ils semblèrent le comprendre avec moi. Ils en conclurent qu'ils étaient « tous deux responsables » de cette « thérapie ratée », mais cela ne modifia pas pour autant leur fonctionnement.

Telle est l'une des premières difficultés que l'on rencontre avec les parents des enfants psychotiques. Ils ne savent pas se parler. C'est pourquoi ils considèrent la reproduction sous son seul aspect physique. L'idée qu'un enfant puisse aussi se concevoir et se construire dans le langage leur étant complètement étrangère, ils ne peuvent y voir qu'un acte de corps. Ce sont, comme me disait un confrère, « des couples capables de coïter, mais incapables de croiser leurs histoires », des couples qui n'ont jamais songé à confronter leurs enfances dans une analyse critique de leurs propres parents. Prendre en charge leurs enfants demande donc, tout d'abord, de leur apprendre à s'en parler. Mais c'est là aussi que les difficultés commencent, car il leur est particulièrement difficile de se considérer comme responsables de quelque chose qui les dépasse. S'ils arrivent à admettre que leur enfant est « malade », c'est avec l'espoir de s'entendre dire que ce dont il souffre n'est pas de leur ressort. Et comme, de plus, ils ne consultent pas pour eux, mais pour lui, ils n'arrivent pas à comprendre qu'un thérapeute puisse avoir besoin de les questionner sur eux-mêmes, leur histoire, leurs parents et leur couple.

Après les avoir vus tous deux, je rencontre Richard. Il présente toutes les caractéristiques des enfants psychotiques. Bourré de tics, il est gonflé comme un fruit trop mûr et abruti par les neuroleptiques. Intercalant entre chaque phrase un étrange rictus, il s'exprime difficilement, mais suffisamment pour que je puisse le comprendre. Je lui explique ce que je sais de lui et pourquoi ses parents me consultent. Il me présente sa version des faits. Elle ne diffère guère de celle de ses parents, si ce n'est que, contrairement à sa mère, il semble très soulagé d'avoir mis un terme à ses relations avec madame X. Lui-même, qu'attend-il de moi ?

Que je lui permette de sortir de l'hôpital où il est enfermé.

Je lui explique que cette décision appartient à ses parents, qu'ils ont pris rendez-vous avec moi pour cela, et que nous allons nous revoir s'ils continuent, tous trois, à le souhaiter. Je propose donc à ses parents de poursuivre nos entretiens d'une façon préliminaire, afin d'envisager ensemble comment ne pas reproduire ce qui s'est passé dans cette première cure. J'ajoute que Richard peut, s'il le souhaite, assister à ces rencontres.

Ravi d'accompagner ses parents, Richard préfère toutefois les attendre dans mon jardin. Eux-mêmes s'avèrent, dès l'entretien suivant, l'un et l'autre, incapables de se souvenir des premières années de sa vie. Ils se rappellent tous deux très clairement ses premiers pas, mais en dehors de cet événement, c'est comme si l'histoire de Richard commençait le jour où, découvrant qu'il ne parle toujours pas, madame de Montalenvert rencontre madame X.

« Comment aurais-je pu savoir ? me dit-elle, en sortant son mouchoir pour s'éponger le coin des yeux. Cette femme a été une vraie mère pour moi.

– Voulez-vous dire que vous n'avez pas eu, vous-même, une vraie mère ?

Ai-je été trop brutal, madame de Montalenvert est outrée :

– Non, ma mère a toujours été parfaite ! S'il faut aller fouiller dans ma famille, c'est plutôt du côté de mon père...

Elle se tait un instant et, reprenant son souffle, elle m'avoue :

– Je ne l'ai jamais aimé... Il nous a lâchement abandonnées, ma mère et moi.

Je l'écoute longuement parler de ce qu'elle reproche à son père et du divorce de ses parents, avant d'interroger Monsieur sur les siens :

– De mon côté, me répond-il, d'un sourire vide, j'ai, moi aussi, eu une excellente mère ! Peut-être un peu trop attachée à moi, mais parfaite !

– Et votre père ?

– Je n'ai pas plus de choses à lui reprocher. Nous n'avons jamais éprouvé aucun sentiment particulier l'un pour l'autre. C'est un homme qui ne parle pas et qui ne s'est jamais vraiment intéressé aux enfants.

– Et vous estimez ne rien avoir à lui reprocher ?

– Non, il ne m'a jamais fait aucun mal. Nous nous ignorons, mais nous nous tolérons plutôt bien.

Comme il n'a rien d'autre à dire de son père, je lui demande :

– Et pourquoi avez-vous appelé votre fils Richard ?

– C'est moi qui ai tenu à ce nom, répond fièrement Madame. C'était celui de mon petit frère. Il est mort lorsqu'il avait 4 ans, un an après que mon père nous eut quittés.

– 4 ans..., l'âge qu'avait Richard lorsque vous avez rencontré madame X !

– Je n'y avais pas pensé, mais que voulez-vous insinuer par là ? me rétorque-t-elle, en le prenant de haut.

Monsieur, lui, ne dit rien. L'énervement dans lequel mes paroles ont mis sa femme le plonge dans un silence de marbre.

– Je n'insinue rien, j'étais en train de me demander si le fantôme de cet enfant n'était pas à l'origine des problèmes de Richard. »

Le silence de Monsieur devient deux fois plus lourd et, dans les yeux écarquillés de sa femme, je vois qu'elle se demande si la bonne madame Dolto ne l'aurait pas adressée à un fou.

Pour mettre un terme à sa stupeur, je leur demande s'ils ont lu mon premier livre [1]. J'explique que j'y traite des transmissions familiales et généalogiques et qu'ils y comprendront ce que la psychanalyse contemporaine appelle un *fantôme*. Voulant conclure cet entretien en leur signifiant à tous deux que la « bonne mère » n'est pas ma seule tasse de thé, mais ne souhaitant m'en prendre ni à la mère de Madame ni à cette « vraie mère » qu'a été pour elle madame X, j'invective cette autre « bonne mère » que semble être à leurs yeux Françoise Dolto : « Françoise Dolto exagère ! Elle aurait quand même pu vous conseiller de lire ce livre ! »

Il faudra de nombreuses séances pour que monsieur et madame de Montalenvert admettent que je souhaite, avant tout autre chose, explorer avec eux les transmissions familiales et généalogiques responsables du destin de leur fils, et que Madame ne rejette plus comme une « absurdité impensable » le fait que Richard, ayant hérité du nom d'un enfant mort, ait pu avoir à en porter le poids. De nombreuses séances encore, pour qu'ils arrivent à accepter que c'est à eux, et à nul autre, de comprendre ce qui a bien pu pousser Richard à vouloir étrangler sa mère et son analyste.

Le travail est ingrat. Il piétine jusqu'au jour où, fatigué de me sentir ballotté entre l'énervement hautain de Madame et l'hésitation immobile de Monsieur, je leur déclare :

« Mais enfin, un gamin qui cherche à étrangler sa mère et son analyste, ça n'arrive pas tous les jours ! Il faut comprendre ce que cela veut dire ! Comprendre ce que, de cette façon, Richard a désespérément essayé de dire !

La fixant, elle, dans les yeux :

– Vous avez conçu cet enfant en réparation d'un autre, celui que vous n'avez pas pu, petite fille, faire à votre maman pour la soulager de la mort de son petit Richard. Or voilà, précisément, ce qui s'est répété avec madame X. Vous avez passé dix ans à essayer de refaire Richard avec cette femme ! Mais quel Richard refaisiez-vous ainsi ? Vous, vous y avez retrouvé

1. Didier Dumas, *L'Ange et le Fantôme*, Minuit, 1985.

une « vraie mère », mais Richard qu'y a-t-il trouvé, lui ? La sensation d'avoir été conçu par parthénogenèse, entre deux femelles ? Dix ans pendant lesquels son père a été exclu de votre relation à madame X ! Or pourquoi votre époux en a-t-il été mis à l'écart ? C'est vous qui en êtes responsable ! Vous l'avez éliminé en répétant avec elle le rapport à votre mère et en le mettant, lui, à la place de votre père ! Le père qui est le grand absent de votre histoire, ce n'est pas votre mari, c'est votre père à vous ! N'est-ce pas lui qui, comme vous me l'avez dit, vous a lâchement abandonnées vous et votre mère, en vous laissant, à vous seule, la charge de la consoler de la mort de ce premier Richard ! Et n'est-ce pas cela que Richard a voulu dénoncer ? N'essayait-il pas de faire comprendre à son analyste qu'il ne voulait pas d'une grand-mère ou d'une madame X pour papa ! Et ne serait-ce pas parce que celle-ci n'y comprenait rien qu'il aurait essayé de lui montrer, de ses deux mains, que cela « étranglait » chez lui toute possibilité de grandir ?

Madame de Montalenvert ne me dévisage pas de ce regard qui, d'habitude, considère de haut les paroles que je lui adresse. La virulence de mon propos ne l'a, cette fois, pas mise hors d'elle. Non seulement ma façon de lui présenter les choses ne semble pas lui paraître aberrante, mais elle ajoute :

– En fait, Richard a cherché plusieurs fois à m'étrangler. C'est arrivé trois fois, mais jamais lorsque nous étions seuls. Il y avait toujours quelqu'un d'autre. La première fois, c'est le plombier qui l'a ceinturé. La seconde, il y avait monsieur Granjean, notre médecin. Un très brave homme. Il était venu pour sa sœur. Richard, lui, n'est jamais malade. Je n'ai jamais compris cela. Comment se fait-il qu'un garçon qui nous cause un tel tracas ne soit jamais malade ?

– Et la troisième fois ?

– Il y avait ma fille et mon mari, c'est lui qui a dû intervenir.

– Les trois fois, en présence d'un homme ! Ce qui prouve bien qu'il a essayé d'exprimer quelque chose et de l'exprimer dans la relation à un homme. Or qu'a-t-il cherché à exprimer ainsi, si ce n'est son besoin d'un père qui soit un homme, et non une madame X ! »

Cette séance leur redonna un certain espoir et fut un tournant. Comme ils avaient compris que Richard n'était pas forcément un assassin de mère, ils se demandèrent s'ils ne pouvaient pas envisager de le reprendre avec eux. Afin de mettre toutes les chances de réussite de leur côté, ils désiraient que je m'engage plus fermement dans ce travail. Madame de Montalenvert était pour moi tout sourire : « Quand prendrez-vous Richard en thérapie ? Me demandait-elle à chacune de nos rencontres. » Or, j'hésitais et j'avais bien raison. Ma longue expérience clinique me laissait entendre que les sourires de Madame n'étaient que politiques. Elle avait, en quelque sorte, décidé de « m'essayer » et j'aurais dû me douter qu'à la première difficulté impliquant sa mère elle battrait en retraite sans pouvoir s'engager plus avant dans ce travail.

Comme la plupart des mères de psychotiques, madame de Montalenvert n'avait jamais investi son père et, à partir de là, jamais vraiment aucun homme. Je vois donc mal en quoi j'aurais pu faire exception à ce qui semblait être pour elle une règle de vie. En préambule à tout autre contrat, j'aurais dû l'engager à entreprendre une psychanalyse personnelle, non avec un homme, puisqu'elle était incapable de leur attribuer le moindre pouvoir, mais avec une femme, en lui indiquant une clinicienne n'ignorant pas, comme madame X, la dimension transgénérationnelle de l'inconscient. En fait, j'étais sensible à la demande que m'avait formulée Richard. Ces parents voulaient extraire de l'hôpital psychiatrique l'enfant qu'ils y avaient mis, et j'estimais de mon devoir de les y aider. Cela d'autant plus que Monsieur semblait prendre un tout nouveau plaisir à sa paternité. Sautant d'un avion à l'autre, il faisait des acrobaties pour ne louper aucun de nos rendez-vous. Afin de les nourrir, entre chacune de nos rencontres, il ne manquait jamais de rendre visite à Richard. Les efforts qu'il faisait pour assumer son rôle de père dévoilaient surtout qu'il ne savait se comporter avec lui autrement que comme cette « excellente mère » qu'avait été la sienne. Et un jour où Madame me pressait pour savoir si je trouvais raisonnable de faire réintégrer à Richard le foyer familial, je décidai de reprendre un peu longuement la parole.

Je leur fis remarquer que, dans le travail entrepris ensemble, la seule chose que nous avions comprise à propos des compulsions strangulatoires de Richard est qu'elles interrogeaient une défaillance de père, alors qu'eux-mêmes en avaient, l'un et l'autre, dramatiquement manqué. Je leur demandais d'y réfléchir. Estimant tous deux s'être fort bien arrangés de leurs histoires paternelles, ils éprouvèrent une certaine difficulté à me comprendre. Admettre que les troubles de Richard puissent provenir d'une absence paternelle antérieure à sa naissance et, de surcroît, déjà inscrite dans leur enfance à tous deux leur paraissait invraisemblable. Comme ils pouvaient néanmoins me suivre sur la question du vide où les avaient laissés leurs pères, j'argumentai que la crise pour laquelle ils m'avaient consulté n'était pas survenue à n'importe quel âge.

La construction mentale de l'être humain est réglée par un cycle de sept années. Le premier est celui que Freud a appelé l'œdipe, il se termine à 7 ans. Le deuxième, la période de latence, se termine à 14. Et le troisième, l'adolescence, à 21. Or, les compulsions strangulatoires de Richard étaient survenues dans sa quatorzième année, au moment d'un changement de cycle impliquant justement le père et sa fonction. Je leur expliquais donc que l'adolescence est un âge où l'enfant a besoin de commencer à rejeter le maternel, et que cela n'est possible que s'il peut s'appuyer sur son père. Je leur parlai longuement du rôle que joue le père dans la prise d'autonomie de l'enfant. Et je conclus cet entretien en répondant à Madame que personne ne pouvait savoir à leur place s'il était « raisonnable » de reprendre Richard avec eux, mais qu'ils trouveraient réponse à cette question en prenant le temps d'en parler ensemble.

Dans les séances qui suivirent, Madame insista à nouveau pour que je prenne Richard en thérapie. Richard, qui y voyait le moyen de sortir de l'hôpital, lui emboîta le pas, en demandant quand il pourrait me voir seul.

J'argumentai que Richard n'ayant pas encore résolu ses conflits œdipiens, je ne pouvais le recevoir sans poursuivre le travail entrepris avec eux. Madame ne le souhaitait pas. Elle estimait en avoir assez fait :

« Cela fait dix ans que je ne m'occupe que de lui. N'ai-je pas droit à un peu de repos ?

– Et vous, qu'en pensez-vous ? demandai-je à Monsieur.

– S'il faut prendre le relais, je trouverai le temps. Je ne peux plus supporter de le voir dans cet hôpital.

Je proposai donc de recevoir Richard et son père en alternance, en demandant à Madame de ne pas hésiter pour autant à m'appeler chaque fois que le besoin pourrait s'en faire sentir. Aux yeux avec lesquels elle me regarda, je vis que ma proposition ne semblait la satisfaire qu'à moitié :

– En fait, si je comprends bien, passé 14 ans, une mère n'a pour vous plus aucune utilité !

– Je n'ai pas du tout dit ça. Je pense que Richard ne pourra retrouver une relation normale avec vous qu'à la condition que son père lui interdise d'agresser sexuellement sa femme ! C'est lui qui doit lui interdire de vous toucher. C'est à lui d'imposer sa loi !

– Sa loi !

Elle éclata de rire. Je ne sais, si elle pensait que son mari en était incapable, toujours est-il qu'elle ajouta en continuant de rire :

– Si pour la santé de Richard il faut accepter que les hommes, qui dirigent déjà tout dans le monde, dirigent aussi tout dans leur foyer, je m'y ferai ! »

Le travail se poursuivit sur ce mode pendant un peu plus d'un an. Ayant admis que c'était à son époux de prendre dorénavant Richard en main, et estimant de plus « m'avoir tout dit », Madame trouvait inutile de continuer, elle aussi, à me rencontrer. Elle se contentait d'accompagner Richard à ses séances, qui, très vite, réintégra le foyer familial. Monsieur semblait pour sa part prendre un grand plaisir à ses rendez-vous. Assez vite, il m'avoua avoir trouvé en moi le « grand frère qui lui avait toujours manqué ». Les compulsions strangulatoires de Richard disparurent complètement. Il avait suffi pour cela que son père lui parle un peu fermement, sans éluder la dimension sexuelle de ses agressions. Le psychiatre qui le suivait arriva même à le sevrer de tout médicament. Quant à moi, bien que Richard me paraisse encore loin d'être en mesure d'échapper à un destin de psychotique, je pouvais me sentir satisfait de la sérénité qui semblait de nouveau régner dans cette famille. Or, le calme n'était qu'apparent.

La crise passée, les habitudes antérieures retrouvèrent peu à peu leurs droits. Tranquillisée sur la santé de son fils, madame de Montalenvert reprit une à une les rênes qu'elle avait un temps lâchées. Elle tendait ainsi à réenfermer Richard dans le rôle d'enfant-poupée qui avait si longtemps été le sien. Mais comme Monsieur, qui continuait à travailler aux quatre coins du monde, ne s'en rendait pas compte et qu'elle-même se gardait bien d'avoir à me rencontrer, je n'en fus averti que par l'éclosion d'une nouvelle série de troubles. Richard ne cherchait plus à étrangler sa mère. Dès qu'il se retrouvait seul avec elle, il fuguait.

Son époux s'étant envolé pour l'une des multiples succursales de la puissante multinationale au sein de laquelle il occupait un poste important, madame de Montalenvert m'appela un dimanche. Alors qu'elle était à la cuisine en train de préparer un thé, Richard avait brusquement disparu et nul ne savait où il était allé. Se sentant de nouveau impliquée dans les symptômes de son fils, elle était dans un état d'angoisse indescriptible. Je la rassurai en lui disant qu'il ne pouvait pas être allé très loin et que la police, alertée, le lui ramènerait bientôt. Quelques heures plus tard, le téléphone sonna de nouveau. Richard était retrouvé.

Les fugues de Richard se répétèrent à chaque départ de son père. Madame m'appelait en urgence. La petite bourgade où ils habitaient n'étant pas bien grande, les gendarmes le retrouvaient assez vite. Calmée, elle rappelait pour m'informer que tout était rentré dans l'ordre, mais elle ne manquait jamais, alors, de me questionner très poliment sur l'efficacité du travail que son mari faisait avec moi.

Nous dûmes donc reprendre les séances à trois.

Richard n'avait fugué qu'une seule fois en présence de son père. C'était à l'occasion d'un rendez-vous chez son psychiatre. Monsieur devait y retrouver Madame et y était arrivé avec Richard, un peu en avance. Une vieille dame était assise dans la salle d'attente et, la voyant, Richard avait été pris d'une crise de rictus. Celle-ci avait été à ce point inhabituellement intense qu'elle n'avait pu échapper à son père. Il s'était néanmoins plongé dans son journal et c'est seulement à l'arrivée de sa femme qu'ils s'aperçurent tous deux que Richard leur avait faussé compagnie.

Comme je cherchais à comprendre ce qu'une « vieille dame » pouvait bien représenter pour Richard, Madame se rappela que, la seconde fois où il lui avait faussé compagnie, quelque chose de semblable s'était passé. Ils étaient sortis pour faire des courses et, à l'entrée du magasin, se retrouvant nez à nez avec une vieille dame qui en sortait, Richard avait là aussi été saisi d'une crise de rictus particulièrement intense.

« Et lors de sa toute première fugue, vous rappelez-vous s'il s'est aussi produit quelque chose de semblable ?

– Non, rien de tel. Il n'a en tout cas rencontré aucune vieille dame. C'était dimanche, nous sommes restés à la maison. Maman est comme à son habitude passée nous voir. J'allais servir le thé, lorsque j'ai découvert qu'il n'était plus là.

– Et votre maman, quel âge a-t-elle ?

– Elle va avoir 78 ans.

Je ne pus m'empêcher de laisser sortir un court éclat de rire.

– Je ne vois pas ce que ma mère vient faire là-dedans !

Ni l'un ni l'autre ne semblaient se rendre compte que la « vieille dame » était, ce dimanche-là, la mère de Madame. Venant de comprendre que Richard se débattait avec le « fantôme de sa grand-mère », j'essayai de le leur faire entendre :

– Que s'est-il passé d'autre ce dimanche ?

– Rien de particulier. Richard m'a plusieurs fois demandé à quelle heure son père arrivait. Il semblait impatient de le voir. Mon mari avait raté l'avion du samedi. S'il avait été là, je ne vous aurais pas dérangé un dimanche ! Il n'a atterri à Orly que tard dans l'après-midi. On venait juste de retrouver Richard.

– Richard attendait donc son père avec impatience et le

voilà qui se retrouve dans un tête-à-tête entre sa mère et sa grand-mère. Ne pensez-vous pas qu'il ait pu revivre, en se retrouvant seul entre vous et votre mère, quelque chose de semblable à ce qui, avec madame X, a mis sa thérapie en échec ? N'aurait-il pas eu peur de se retrouver dans une situation pareille à celle qui, ayant provoqué ses compulsions strangulatoires, l'a conduit à l'hôpital ? Et ne serait-ce pas pour échapper à cette peur qu'il aurait brusquement pris la fuite ?

Madame de Montalenvert m'avait cette fois très bien compris :

– Il n'est en tout cas pas question de mêler ma mère à tout ça ! A son âge, et fragile comme elle est !

– Il n'est en effet pas du tout question de cela. Il est question que Richard puisse se vivre comme l'enfant de son père, et non comme un enfant fait avec sa grand-mère, en remplacement du fils que celle-ci a perdu. Il s'agit donc bien de quelque chose qui ne concerne que vous, votre époux et lui-même, et non votre mère.

– Je croyais que vous vouliez rencontrer maman, me répondit-elle, confuse. »

Nous nous quittâmes là-dessus, mais quinze jours plus tard, Richard fit une fugue beaucoup plus angoissante pour elle que toutes les précédentes.

Jusqu'alors, il n'avait jamais disparu très longtemps. La plupart des policiers de sa région le connaissaient. Il avait même noué avec eux certains liens affectifs, puisque, à l'occasion d'une de ses escapades, il s'était de lui-même rendu au commissariat, dans lequel, au dire de sa mère, il aurait bien aimé s'installer. On le retrouvait donc généralement assez vite. Une seule fois y avait fait exception. Il avait pris le RER et on avait eu un peu plus de mal à le retrouver. Mais, comme il voyageait sans billet, les contrôleurs l'avaient intercepté en plein centre de Paris. « A la station Châtelet ! Vous rendez-vous compte ? m'avait-elle dit. A l'idée de tout ce qui aurait pu arriver à un enfant comme lui dans une ville comme Paris, je suis morte de peur. » Cette fois-ci, on ne l'avait retrouvé que le lendemain. Il ne lui était rien arrivé de spécial. Il avait passé la nuit à la belle étoile et sauté deux repas. L'événement n'en était pas moins dramatique pour elle qui, ayant récupéré son fils, me rappela le lendemain matin aux aurores. Elle voulait un rendez-vous en urgence pour mettre les choses au point. Je le lui donnai. Elle arriva avec son époux et s'assit sans enlever son manteau :

« Me dire comme vous l'avez fait qu'il n'est pas si grave pour Richard de passer une nuit on ne sait où, sans boire et sans manger, c'en est trop ! N'est-ce pas votre métier de veiller à la santé des enfants ! Sans parler de cette façon dont vous avez cherché à vous débarrasser de moi, en me disant que si je voulais vraiment aider Richard à s'en sortir, il serait peut-être utile que, moi aussi, j'entreprenne une psychanalyse ! N'espérez pas que je vous fasse ce plaisir, je ne suis pas folle, et que cela vous plaise ou non, je n'ai rien à reprocher à ma mère ! Vous ne pourrez pas dire que je n'ai pas essayé de vous suivre, vous et vos histoires de fantôme, mais après ce que j'ai entendu, vous comprendrez que tout soit fini entre nous !

Assis comme un piquet sur le bord de sa chaise et attendant que la tempête s'apaise, son époux n'avait pas soufflé mot. Espérant trouver en lui la complicité qu'il m'avait, de nombreuses fois, témoignée, je tournai la tête :

– Et vous, qu'avez-vous à dire de cela ?

– Je n'ai rien à ajouter à ce que vient de dire ma femme. »

Stupéfait, je le dévisageai. Il donnait l'impression d'être soudainement devenu le petit garçon sage et malléable que Richard ne voulait plus être pour elle. Il n'était en tout cas visiblement plus question qu'il adresse un mot au « grand frère » que, quelque temps auparavant, il avouait avoir trouvé en moi.

J'essayai de répondre, mais madame de Montalenvert ne voulait plus consacrer une minute supplémentaire au monstre que j'étais subitement devenu. Adoptant l'allure militaire qu'elle aurait aimée en cet instant voir son mari arborer, elle se leva en l'entraînant, me laissant seul, une fois de plus, constater qu'aux royaumes que gouvernent les pères des psychotiques la seule loi connue est celle de la reine mère.

L'inconscient n'est pas plus « individuel » que la langue. Il se perpétue des parents à l'enfant et se transmet dans la succession des générations. Une psychanalyse qui ne prend pas en compte la construction transgénérationnelle de l'être n'a, tout me le confirme en vieillissant, aucune efficacité sérieuse dans la clinique de l'enfant et de sa famille. L'enfance est un âge où l'esprit se construit. Or comment se construit-il ?

L'enfant n'apprend pas à parler. Il duplique la langue de ses parents et sa construction psychique suit un mouvement semblable. Ses structures mentales se construisent en commençant par décalquer celles de ceux qui lui parlent. Il reproduit leurs façons de s'exprimer, en dupliquant leurs fonctionnements conscients, mais aussi leurs fonctionnements mentaux inconscients. Ceux qui, par exemple, ne s'expriment que dans les fantasmes et qui, n'étant jamais verbalisés, n'en déterminent pas moins toute la mobilité affective et libidinale de l'être.

Les thérapeutes qui, de nos jours, voient les choses ainsi sont plus nombreux, mais à l'époque où je me suis engagé dans la clinique des enfants psychotiques, en 1974, ceux de mes collègues qui commençaient à entrevoir l'existence d'un inconscient transgénérationnel se comptaient encore sur les doigts de la main. Freud ayant exclu la psychose de son champ thérapeutique, la théorie que divulguaient les différentes écoles de formation ne proposait aucune explication valable permettant de comprendre pourquoi ces enfants se développaient mal. Mélanie Klein était la référence officielle en psychanalyse d'enfants et les quelques auteurs qui, comme Maud Mannoni, Giséla Pankow ou Donald Winnicott, abordaient la psychose d'une façon clinique la considéraient, à son instar, sous un angle qui privilégiait le maternel.

A cette époque, les enseignements de Jacques Lacan et de Françoise Dolto étaient les seuls à se démarquer de ce discours. Tous deux considéraient, chacun à sa façon, la psychose comme une dramatique carence de la fonction paternelle.

En se référant à sa propre expérience des enfants psychotiques, Françoise Dolto enseignait à ceux dont elle supervisait le travail que l'on ne pouvait comprendre la folie de l'enfant sans la considérer comme le produit d'une carence de transmissions mentales, impliquant les relations des mères à leurs filles sur trois générations. Elle n'attribuait pas la psychose de l'enfant à une absence actuelle de père, mais à une absence de *père antérieur* dans la vie affective et mentale de sa mère. Ce qu'elle expliquait en disant que, dans le rapport à leurs enfants, les mères des enfants fous ne se comportent pas comme les épouses de leurs maris, mais comme les « jules » de leur propre mère.

Madame de Montalenvert en est une assez bonne illustration. Abandonnée par son père à l'âge de sa construction sexuelle, elle n'a pu lui octroyer aucune place dans ses fantasmes de petite fille. Elle n'a non seulement jamais pu le prendre pour objet d'amour, mais, chose beaucoup plus grave, elle a dû se substituer à lui dans la relation à sa mère. Après son divorce, sa mère se retrouvant à tout jamais dégoûtée des hommes, sa fille est devenue son seul soutien affectif, son seul appui dans la lourde épreuve de la vie. C'est de cette façon que madame de Montalenvert s'est, petite fille, structurée comme le « jules » de sa maman. Voilà ce qu'enseignait Françoise Dolto. Elle montrait que les mères des enfants fous avaient elles-mêmes été insidieusement privées par la leur de toute structuration œdipienne normale.

Abandonnée par son père et se sentant en devoir de le remplacer, la construction sexuelle de la petite fille qu'a été madame de Montalenvert s'est limitée à apprendre comment on élève les enfants avec sa maman. Ne pouvant plus rien espérer de son père, à l'âge adulte, elle s'est retrouvée incapable d'investir les hommes. Or, comment aurait-elle pu s'en rendre compte, puisqu'elle en a trouvé un qui, parcourant le monde, lui est, non seulement fidèle, mais l'est, de plus, en se satisfaisant de perpétuer auprès d'elle l'image de « l'enfant préféré » qu'il était pour sa propre mère ?

Monsieur de Montalenvert pouvait, encore moins qu'elle, imaginer que sa femme ait eu à souffrir d'un manque de père. N'ayant jamais rien attendu du sien, il ignorait et déniait, aussi radicalement qu'elle, le rôle revenant au père dans la construction mentale de l'enfant. Cette incapacité à investir le « père », qui, pour tous deux, s'était structurée dans des enfances où ils n'avaient été confrontés qu'à leur seule mère, est ce qui explique la folie de Richard. Et si je ne suis pas arrivé à mieux aider ce garçon, c'est que je n'ai pas pu permettre à sa mère de comprendre ce qu'a compris Marie : qu'il peut être tout à fait dangereux de « donner le sein de deux côtés à la fois ».

Alors que Françoise Dolto nous montrait à travers sa clinique le rôle que joue, dans la folie de l'enfant, cette absence de *père antérieur* marquant la vie affective et fantasmatique de sa mère, Jacques Lacan abordait cette question d'un point de vue beaucoup plus théorique. Ancien psychiatre, Lacan ne croyait pas plus que Freud que la psychanalyse pouvait résoudre la psychose. Il avait néanmoins défini celle-ci comme une *forclusion du Nom-du-père*, c'est-à-dire une déchéance du rôle que joue le patronyme paternel dans la construction mentale de l'enfant.

Le terme de « forclusion » est à l'origine un terme juridique. Il désigne la perte des droits d'un individu, lorsque celle-ci est due au fait qu'il a négligé de les exercer en temps utile. En conséquence, et bien que Lacan ne l'ait lui-même guère expliquée, sa formulation ne concerne pas le nom tel qu'il apparaît à l'état civil. Elle concerne sa place dans le langage, c'est-à-dire le rôle qu'il a, ou n'a pas, joué *en temps utile*, au moment de la conception de l'enfant.

Tel qu'il a été conceptualisé par Jacques Lacan, le *Nom-du-père* ne se réfère donc pas à la *conception matérielle* de l'enfant, mais à sa *conception immatérielle*, à la façon dont l'enfant a, ou n'a pas, été conçu dans la parole et le désir d'un père.

A l'époque où nos ancêtres épousaient leurs femmes pour les soustraire aux désirs des autres et garantir que les enfants qu'ils leur faisaient étaient bien de leur sang, le désir d'enfant de l'homme et la transmission de son nom allaient de pair. A notre époque, où ce sont le plus souvent les femmes, et non plus les hommes, qui décident de faire les enfants, il n'en va pas forcément de même. Que l'enfant ne puisse se faire autrement qu'à deux ne signifie pas forcément qu'il a été conçu dans le langage et attendu dans les structures mentales d'un père. Qu'il porte son nom ne le prouve pas plus. Car si la transmission du nom est comme nous l'avons vu, un acte vide, si le père a déclaré l'enfant sans aucune émotion, aucun affect ni sentiment, ou s'il ne l'a fait que par conformisme, l'enfant ne pourra considérer son nom qu'à travers le poids que représentera, dans sa construction mentale, cette absence de désir avec laquelle son père l'a conçu et déclaré.

Voilà la première chose à laquelle nous confronte la folie de l'enfant. La psychose de l'enfant est comme toutes les maladies mentales une pathologie du Verbe, de la parole et du langage. Y voir, comme l'a fait Lacan, une pathologie du *Nom-du-père*, c'est la caractériser comme un trouble des sentiments et des affects qui accompagnent la transmission du nom. Mais c'est aussi, comme nous l'a indiqué Françoise Dolto, considérer que ce trouble des affects et des sentiments a pour seule vraie origine une dramatique absence de *père antérieur* dans la vie affective et mentale des deux parents.

Abel, le premier schizophrène de notre culture : un enfant fait de rien

Juin 1995.

Je rentre du séminaire de Marc-Alain Ouaknin [1]. On y parle de la Bible et en écoutant ce dernier traduire et commenter, verset à verset, le texte hébreu, j'y découvre un tout autre

1. Marc-Alain Ouaknin, philosophe et talmudiste, dont le séminaire se poursuit actuellement le dimanche dans un local du centre Spinoza.

livre. Cela faisait des années que je n'arrivais pas à m'atteler à la lecture de la Bible. J'en avais acquis plusieurs traductions sans jamais parvenir à y pénétrer vraiment. Or, depuis que je fréquente ce séminaire, je m'y plonge avec délice et je découvre, de plus en plus stupéfait et consterné, à quel point les religions qui s'en réclament ont, tout simplement, dénaturé ce texte.

N'est-il pas dit, aux premiers versets des Dix Commandements que les fautes des pères se transmettent sur « trois ou quatre générations[1] » ! Le décryptage pas à pas du texte, auquel nous convie Marc-Alain Ouaknin, n'arrête pas de me confirmer que notre plus vieux livre ne traite, en vérité, que de ce que j'ai moi-même mis tant de temps à comprendre.

Travaillant dans un hôpital psychiatrique pour enfants, il m'a fallu une bonne dizaine d'années pour admettre que l'inconscient n'était pas individuel, mais transgénérationnel. Or, la Genèse est un texte qui, ne considérant l'individu que sous l'angle des structures généalogiques de l'inconscient, m'apparaît maintenant comme une magistrale thèse sur le rôle du père dans le développement mental de l'enfant. Caïn et Abel y sont non seulement présentés comme les deux premiers enfants psychotiques de la planète, mais, de plus, la folie des deux premiers enfants d'Adam et Eve illustre à la lettre la conception lacanienne de la psychose.

Le texte est sur ce point on ne peut plus clair. Caïn et Abel souffrent tous deux de forclusion du *Nom-du-père*. Ni l'un ni l'autre ne portent le nom de leur père. Aucun des deux n'est inscrit dans le livret de famille d'Adam[2]. Contrairement à Seth, son troisième fils, ils ne sont conçus par Adam, ni à sa « ressemblance », ni « selon son image », ni nommés par lui[3]. Ils ne sont référés qu'à leur mère, et c'est ce qui, dans ce mythe, explique le dramatique meurtre où aboutissent leurs relations.

« L'homme, nous dit le Livre, connut Eve sa femme. Elle

1. Exode, 20, 5.
2. Genèse, chap. 5.
3. *Ib.*, verset 3.

devint enceinte, enfanta Caïn et dit : "J'ai procréé un homme, avec le SEIGNEUR.[1]" » « J'ai eu un homme avec IHVH[2]. »

Eve est non seulement la seule à prénommer Caïn, mais, surtout, elle ne semble pas établir ici le moindre rapport entre le fait d'avoir « connu Adam » et l'arrivée de cet enfant. Elle accueille ce premier-né comme un homme qu'elle aurait fait seule et par l'unique grâce de Dieu. Le texte nous laisse donc, en fait, entendre que Caïn n'a pas été conçu dans la parole et le désir d'un père. Eve l'a fait avec Adam mais, probablement, sans s'en rendre compte. Caïn n'est, pour elle, que le produit de son corps. Ce qu'elle dit en le mettant au monde le laisse entendre. Elle le considère comme sa seule propriété. De ce fait, Caïn représente aux yeux de sa mère un fantasme assez courant dans les rêveries érotiques des femmes, celui de l'enfant-gigolo, de l'homme-objet, du page attentionné ou du soldat de Madame. A travers ces paroles, Caïn est donc assujetti à ne pouvoir devenir autre chose que le « phallus » de sa maman. Or, voilà ce qui détermine un destin d'assassin, nous dit ce mythe, qui y oppose aussitôt le destin diamétralement opposé qui échoit à son frère.

Très concis, le texte poursuit :

« Elle enfanta encore son frère Abel[3]. » « Elle ajoute à enfanter son frère, Ebel[4]. »

Alors qu'à la naissance de Caïn les paroles d'Eve laissent entendre qu'en voyant sortir un « homme » de son propre corps elle a éprouvé un plaisir inouï, à celle d'Abel, elle devient muette. Elle ne dit ni n'éprouve plus rien. Elle continue, elle « ajoute », à enfanter. Elle met bas sans un mot, sans un affect. Elle est dans la répétition. Or, voilà ce que veut dire Abel. Abel, c'est de la répétition qui reposant sur du « rien » ne représente « rien ». C'est un mot qui, en hébreu, désigne la buée, mais dont le sens implicite est le « rien ». Et, dans un texte où la filiation divine de l'homme est ce qui en fait

1. Genèse, 4, 1, traduction œcuménique, Cerf, 1988.
2. *Id.*, traduction André Chouraqui, Desclée de Brouwer, 1989.
3. Genèse, 4, 2, traduction œcuménique.
4. *Id.*, traduction André Chouraqui.

un être de langage, ce « rien » n'est pas n'importe quel rien. C'est du « rien » dans le langage. C'est une bouche qui, bâillant, n'a produit aucun mot.

Abel, c'est du rien dans le langage. De la buée. C'est l'enfant non désiré, celui qui, n'ayant jamais été conçu dans des mots et des pensées, dérange l'ordre établi, celui dont on a honte, dont on tait l'existence : le « rien », le schizophrène. Abel est ainsi l'ancêtre de tous les enfants qui, comme Richard, pâtissent dans leur construction mentale du manque à savoir se parler de leurs parents. Car ce que le texte biblique désigne comme une *faute* transmissible des pères aux enfants, sur trois ou quatre générations, n'est nulle autre chose que leur *manque à parler*.

Ce mythe est celui des deux premiers psychotiques de notre culture. En assassinant Abel, Caïn illustre le déséquilibre mental d'un homme qui, n'ayant eu le droit de ne s'identifier qu'à sa mère, ne sait, comme elle, que s'exprimer avec son corps. Ce meurtre dévoile la mainmise de l'inconscient maternel sur son propre psychisme. Tuant son frère par incapacité à savoir parler, Caïn répète la façon dont Eve l'a conçu. Il n'est plus qu'un corps s'opposant à un autre corps. Ce mythe raconte donc que la source de toute folie se situe dans le fait de rester assujetti à la parole de sa mère, que la folie a pour première origine l'impossibilité de se trouver un père !

Caïn représente le paranoïaque et Abel le schizophrène. Caïn est l'ancêtre du fascisme et de l'intégrisme. Il tue son frère pour obtenir l'amour de Dieu. Abel est celui des descendants sacrificiels, des exclus et des boucs émissaires. Et cela vient du fait qu'ils n'ont, ni l'un ni l'autre, été conçus « à l'image » d'un père, dans ses souffles, son nom et ses projets. Ils sont issus du corps d'Adam, mais non de sa tête, de ses désirs, de ses pensées.

Arrivé chez moi, la porte du pavillon refermée, je me retrouve dans l'atmosphère chaude et humide du jardin couvert. Seul, je reste à contempler le bleu profond d'une tibouchina regorgeante de fleurs et, continuant à méditer sur le triste destin de tous les Caïn et Abel de notre monde, me revient en mémoire l'un des rares souvenirs que j'ai de mon père.

Cet homme ayant sombré dans une solitude schizophrénique quelques années après ma naissance, je l'ai assez peu connu. Les souvenirs qui m'en restent remontent à mes 3 ans et, dans ceux-ci, je le vois qui, souriant et amusé, me récite un poème :

« ... Quand il se fut assis sur sa chaise dans l'ombre
Et qu'on eut sur son front fermé le souterrain,
L'œil était dans la tombe et regardait Caïn [1]. »

Ce dernier vers me fait peur. Il le voit, il s'en amuse, mais ne comprend pas le sens de mes questions.

Je ne sais pas ce qu'est une tombe et je souffre de ne pouvoir comprendre ce que dit le poème.

« Un endroit totalement sombre ! me dit mon père. »

N'en connaissant pas d'autre que le buffet de la cuisine, je m'y imagine, comme Caïn, enfermé en compagnie de l'œil qui le regarde, et sa punition me paraît terrible.

Hervé, mon père, est, en fait, la seule et unique personne à m'avoir, enfant, parlé de la Bible. En y pensant, je me dis : « Voilà pourquoi tu ne pouvais t'approprier ce livre. Tu souffrais d'un manque de transmissions orales lié à la perte de ton père. » Et je ris à l'idée que cela engendre en moi : « Avec Marc-Alain, tu t'es retrouvé un jeune papa qui t'a permis d'ouvrir à nouveau ce livre ! » Cherchant alors à retrouver le visage de mon père tel que je le percevais à cette époque lointaine, ce n'est pas le sien qui apparaît dans le bleu profond des tibouchinas en fleur. C'est celui d'une adolescente schizophrène, Claude, que je n'ai pas revue depuis plus de quinze ans et dont la mère a interrompu le traitement avec une brutalité semblable à celle de la mère de Richard.

Le temps semblant n'y rien changer, les paroles de cette adolescente emmurée dans sa folie restent gravées en moi comme dans du marbre et je l'entends me dire :

1. Victor Hugo, « La conscience », *La Légende des siècles*, Garnier-Flammarion, 1979.

« On est trop rien, quand on vient chez monsieur Dumas ! »
Eh oui ! me dis-je, on y vient parce qu'on est trop « Abel » !

« Quand on vient chez monsieur Dumas, on est trop rien ! »

Les enfants psychotiques vous demandent assez souvent : « Toi, t'en as une maman chez toi ? » Confrontés à des pères qui sont les premiers à appeler leur femme « maman », ils ne peuvent imaginer qu'un homme adulte puisse vivre sans une « maman ».

Un jour, je décidai de poser à tous ceux que je recevais les deux mêmes questions : « Comment ta maman t'a-t-elle fait ? » et « Quel rôle y a joué ton père ? » A la première, la plupart des enfants me répondirent : « A l'hôpital ! » Et quelques-uns : « A l'église ! » A la seconde, ils répondirent tous : « Il gagne de l'argent. »

S'il est impossible pour un enfant de se représenter la sexualité de sa mère, le lieu où celle-ci l'a conçu est pour lui celui où elle parle de lui. Or, les enfants psychotiques ne voient jamais leur mère s'adresser à leur père, mais l'entendent par contre, à longueur de journée, se référer aux propos des médecins ou du prêtre à qui elle n'arrête pas de parler des tracas qu'il leur cause.

Voilà donc, exprimé par les enfants, ce que Lacan a appelé la *forclusion du Nom-du-père.*

La plupart des enfants de l'hôpital de jour avaient des pères, mais des pères qui, n'en ayant eux-mêmes pas eu, occupaient dans la vie de leurs épouses non pas la place d'un homme responsable de son désir d'enfant, mais celle d'un « grand frère », d'un « prince consort » ou d'une « pièce rapportée » soutenant « maman » dans l'épuisante tâche de sa royauté maternelle.

Ces enfants avaient généralement été très fortement désirés par leurs mères, mais ce désir ne s'était pas formulé dans les bras de leur mari. Il s'était formulé dans les murs d'un hôpital ou d'une église, et les enfants n'avaient donc pas tout à fait tort d'y situer le lieu de leur conception. Il n'existait pas la moindre trace de *père antérieur* dans leur héritage ancestral. Leurs mères s'étaient, pour la plupart, construites dans une enfance totalement dépourvue de présence paternelle. Elles avaient toutes, d'une façon ou d'une autre, comme madame de Montalenvert, remplacé un père manquant dans la vie affective de leur propre mère.

Dans de telles conditions, la clinique des enfants ne pouvait être autre chose qu'une clinique du maternel. Mais, étant un homme, je m'y dévoilais beaucoup plus naïf que ne l'était Françoise Dolto, et il m'a fallu plusieurs années pour réaliser à quel point ces femmes, qui avaient été les « enfants jules » de leur maman, étaient totalement incapables de considérer que les hommes puissent être d'une quelconque utilité pour les enfants. Pas plus le père de leurs enfants que le psychiatre ou moi-même, et cela du seul fait de notre sexe.

Madame Courage, la directrice de ce petit hôpital de jour, était une forte femme qui, comme le psychiatre et un certain nombre d'éducateurs, poursuivait une psychanalyse personnelle. Espérant que son institution pourrait être autre chose qu'une entreprise de gardiennage, elle avait obtenu des organismes de tutelle qu'ils engagent de concert cinq psychanalystes. L'un d'entre nous travaillait dans l'hôpital avec les éducateurs. Les quatre autres, dont moi-même, recevaient les enfants et leur famille dans un local extérieur à l'institution.

Dès le premier jour, je me heurtai au peu de place qu'occupent les pères dans les familles de ces enfants. Cela commençait par de laborieux pourparlers avec les mamans qui trouvaient à peu près toutes invraisemblable que je veuille rencontrer leur conjoint : « Mais Monsieur, il n'est jamais à la maison, je ne vois pas ce qu'il pourrait vous apprendre ! » « C'est moi qui m'occupe de tout, que voulez-vous qu'il ait à vous dire ! » « De toute façon, je le connais, avec son travail, c'est totalement impossible ! »

Comme je refusais obstinément de m'occuper d'un enfant sans avoir pu rencontrer son père, ceux-ci finissaient par accepter de me rencontrer, mais seulement afin de m'autoriser à prendre leur enfant en charge. Ils le faisaient alors d'autant plus volontiers qu'ils ne se sentaient la plupart du temps aucunement concernés par ses troubles, et n'avaient de ce fait pas grand-chose à m'en dire. Confirmant que c'était leur épouse qui « s'occupait de tout », ils étaient encore plus surpris qu'elle que je puisse émettre le souhait de les impliquer dans le traitement de leur enfant. Devant m'adapter à cet état de fait, je me résolus à recevoir régulièrement les enfants et leur mère, en acceptant de ne les rencontrer, eux, qu'épisodiquement, sur le mode où je recevais les autres membres de la famille.

Je travaillais ainsi depuis cinq ans déjà lorsque, pour des raisons personnelles, madame Courage dut quitter l'institution. Quand elle fut partie, la moitié à peu près des traitements dont j'avais la charge furent interrompus du jour au lendemain. Pour beaucoup, je ne revis tout simplement plus jamais personne. Quelques mères me laissèrent un mot, annonçant qu'elles retiraient leur enfant de l'institution et interrompaient nos relations. Les autres me le firent savoir par l'intermédiaire du psychiatre. Une seule d'entre elles m'en avertit de vive voix, madame Blavent, la mère de Claude, cette adolescente schizophrène qui disait : « Quand on vient chez monsieur Dumas, on est trop rien ! », et dont j'avais pris le traitement très à cœur. Elle me l'annonça sur le pas de la porte sans vouloir entrer dans mon bureau, en ajoutant d'un ton qui coupait court à tout autre propos : « Nous n'avons plus rien à faire ici, maintenant qu'il n'y a plus personne à qui parler ! » Cela faisait cinq ans que je la recevais chaque semaine. Or, je ne m'étais jamais douté qu'elle ne venait à ses rendez-vous que pour préserver l'estime de madame Courage avec qui elle adorait papoter.

Petite dernière de trois enfants, sa fille, Claude, était une toute jeune adolescente. Née avec une luxation congénitale de la hanche, elle avait passé les premières années de sa vie dans un service de chirurgie infantile. Opérée à plusieurs reprises, elle n'avait pu réintégrer le foyer familial que vers l'âge de 3 ans. Sa mère m'avait relaté cela d'un ton absent et dépourvu de sentiments. Le seul événement qu'elle évoquait avec des larmes d'émotion était le souvenir de ses premiers pas, que Claude avait fait « le jour même de ses 3 ans ».

Définitivement guérie de sa luxation, Claude était ressortie de cet hôpital totalement psychotique. Elle souffrait d'une très curieuse angoisse de jumelage. Pour elle, la vie sociale était, avant toute chose, une affaire de jumelage. Vivre avec les autres dépendait de la possibilité de s'y trouver un « jumeau » ou un « double ». Elle ne pouvait donc s'imaginer vivante sans la référence du double qu'était pour elle une autre enfant de la famille, Simone, qui, n'ayant qu'un an de moins qu'elle, était sa nièce, la fille de sa sœur aînée.

Claude possédait des facultés médiumniques auxquelles je ne comprenais pas grand-chose. Ses dons étaient néanmoins incontestables. Elle m'a plusieurs fois montré qu'elle percevait mes pensées et mes intentions avant même que je ne les formule. Elle passait un temps considérable, absorbée dans la contemplation d'un univers mental qu'elle était seule à parcourir. Pour cela, elle se plongeait dans un état d'autohypnose, en agitant devant ses yeux un ruban ou un morceau d'herbe. Pour la plupart des gens, sa façon de s'exprimer était incompréhensible. Elle employait très souvent des phrases toutes faites, répétant mot à mot les paroles des adultes avec qui elle vivait. Je lui demandais alors :

« Qui dit ça ?

Elle répondait :

– C'est Marie-Lou ! C'est Antoine ! C'est maman ! »

Voilà comment elle me parlait de ses relations aux autres : en répétant à la lettre, comme un perroquet, une de leurs phrases qui, à ses yeux, représentait ce qu'elle avait à m'en dire. Lorsqu'elle exprimait des idées personnelles, elle le faisait dans un langage que j'ai mis plusieurs mois à comprendre. Elle découpait alors les mots en rondelles et, les déformant ou les tronçonnant, elle exprimait ce qu'elle avait à dire, en les remodelant dans une ordonnance qui en modifiait le sens.

Elle entrait souvent dans mon bureau en répétant cette phrase que je ne comprenais pas : « Quand on vient chez monsieur Dumas, on est trop rien ! » Un jour, où elle était arrivée avec un modelage dépourvu de membres inférieurs, qu'elle appelait le « bonhomme Christine » et qui la représentait elle, à l'âge où, opérée et séparée des siens, elle s'était réfugiée dans la psychose, je lui demandai :

« Qui dit ça ?

– C'est Claude qui dit ça !

– Et qu'est-ce que ça veut dire : "trop rien" ?

– Qu'on est trop Christian Troyé ! »

Le nom qu'elle venait d'inventer, « Christian Troyé », était sa façon d'expliquer ce que signifiait ce « trop rien » dans lequel elle voyait les raisons de son travail avec moi. J'appris donc à déchiffrer ses propos comme on déchiffre un rébus. Christian était, dans son esprit, le double masculin du modelage qu'elle m'avait fait ce jour-là. Ce nom représentait donc pour elle la dimension masculine de ce « bonhomme Christine » qui, dépourvu de jambes, la figurait bébé, portant un nom de « bonhomme », Claude, et étant traitée comme un objet asexué, un simple corps à réparer. Troyé était la déformation de Poirier, le nom d'un cousin du même âge que son frère, qu'elle considérait comme son « double » à lui. Elle en avait fait : « Trois y est », en amalgamant à ce nom les mots ayant marqué la fin de son calvaire hospitalier, ceux entendus le jour où elle avait fait ses premiers pas à l'anniversaire de ses 3 ans : « *Trois* ans, ça *y est*, elle marche ! »

Dans l'univers intérieur et retranché où elle vivait, Claude ne semblait pas souffrir. Elle possédait quelque chose de diaphane et d'aérien qui m'évoquait plus la quiétude mystique que la folie infernale avec laquelle se débattaient d'autres enfants. En dehors de son insupportable angoisse de jumelage, Claude était une jeune personne qui avait toute les apparences de la sérénité. Cette angoisse se déclenchait à l'apparition dans les propos d'un des membres de sa famille du prénom de la nièce dont elle avait fait son double : Simone. Cela la plongeait instantanément dans un état d'anxiété, de morcellement et de perte d'identité qui ne cessait qu'à la seule condition que celui-ci répète ce qu'il avait dit, en substituant son nom à elle, à celui de Simone. Or, comme toute sa famille se pliaient à ce rituel, Claude ne vivait pas trop mal.

Cette angoisse était arrimée à la question de son nom. Car,

si, d'une part, Claude portait un nom mixte, d'autre part, elle n'avait pas pu porter celui de son père. Celui-ci s'était présenté à moi comme « un marin ». N'apparaissant chez madame Blavent que le dimanche, il lui avait fait trois enfants tout en continuant à vivre dans une ville voisine où il entretenait un autre foyer. Les enfants de madame Blavent ne voyaient donc leur père qu'épisodiquement, le dimanche, et il m'a fallu un certain temps pour arriver à comprendre pourquoi cette situation lui convenait, à elle, tout à fait bien.

Dans l'enfance de madame Blavent, les hommes n'existaient tout bonnement pas. Elle n'avait quasiment pas plus connu son père que sa mère biologique. Celle-ci, Marie-Madeleine Blavent, la grand-mère de Claude, était une pianiste célèbre qui, pour satisfaire sa vocation, n'avait pas voulu s'encombrer d'enfants. Parcourant le monde d'un concert à l'autre en compagnie de son époux, Eugène Blavent, elle donnait dès leur naissance les enfants qu'elle mettait au monde à sa sœur, Paule, une directrice d'école modèle qui, ayant énergiquement refusé tout prétendant, était morte vierge. La « Tante Paule » avait ainsi élevé sans faillir, non seulement les trois enfants de sa sœur, mais aussi ceux de la fille aînée de cette fratrie d'adoption, Gabrielle Blavent, la mère de Claude. Cette femme ne s'était donc pas, petite fille, structurée comme le « jules » de sa propre mère, mais comme celui de cette « Tante-Vierge » avec laquelle elle avait vécu jusqu'à ce que la mort les sépare.

Voilà pourquoi Claude souffrait d'une angoisse de jumelage. La Tante Paule, qui était la « mère » de cette famille depuis deux générations, n'avait pas pu l'être pour elle. Elle était morte quelque temps après sa naissance, au moment de son hospitalisation. Or, à la même époque, était née Simone. La mort de la tante n'ayant pas plus été annoncée au bébé qu'était Claude que la naissance de Simone, retrouvant la maison après un long séjour à l'hôpital, elle avait cru que Simone était arrivée en remplacement de la Tante Paule. Comme, de plus, tout le monde lui disait qu'elle était devenue la *tante* de ce bébé, elle en avait conclu qu'elle n'avait le droit de vivre avec les siens qu'en se jumelant à ce bébé, sur le mode où sa mère, inconsolable, restait jumelée à cette *tante* disparue.

Contrairement à la plupart des autres enfants que j'avais en charge, Claude ne pouvait pas imaginer que sa mère l'ait faite à l'hôpital. Le lieu avait été, pour elle, beaucoup trop destructeur. « On est trop rien, quand on vient chez monsieur Dumas ! » : Elle se vivait comme une enfant conçue à partir de rien. Un « rien » semblable à celui qu'avait représenté son grand-père, Eugène Blavent, pour sa grand-mère, Marie-Madeleine Blavent, qui, poursuivant ses rêves d'enfant, avait conçu ses trois enfants avec sa sœur, la Tante Paule. Mais un « rien » qui, transmis et amplifié par la succession des générations, faisait que, pour sa mère, fréquenter un homme était n'avoir « plus personne avec qui parler. »

Or, si les angoisses de jumelage de Claude rendaient compte de ses identifications aux femmes de sa lignée, cela ne l'empêchait pas d'entretenir avec son père un rapport totalement secret, mais néanmoins extraordinairement solide, comme j'ai eu à le constater au moment de la mort de cet homme.

Claude est au nombre des enfants qui m'ont appris que la *forclusion du Nom-du-père* de Jacques Lacan était, contrairement à ce qu'il en avait lui-même laissé entendre, un concept qui ne pouvait pleinement se comprendre en dehors d'une conception transgénérationnelle de l'inconscient.

Dans la psychose de l'enfant, la dimension du père qui est forclose – celle dont la représentation est totalement interdite dans les structures mentales de l'enfant – provient d'un interdit de la mère, dont celle-ci n'est même pas consciente. Cet « interdit inconscient » porte sur la réalité matérielle du père : le fait que l'enfant ne peut alors pas du tout imaginer qu'il est issu du corps de son père. Cela n'altère toutefois en rien les rapports affectifs qu'il entretient avec lui lorsque celui-ci est présent au foyer. Il était donc impossible à Claude de se représenter que sa mère l'avait faite avec son père, mais cela ne l'empêchait pas d'aimer profondément cet homme qui passait tous les dimanches ; et, lorsqu'il mourut, elle me montra qu'à défaut de pouvoir se vivre comme le produit de ses testicules elle se considérait comme le produit de son « âme », mais d'une façon tout à fait secrète.

Atteint d'un cancer pulmonaire généralisé, le père de Claude mourut très rapidement, quarante-huit heures après avoir été hospitalisé. Madame Blavent avait jugé « totalement inutile » de dire à Claude, qui « ne pouvait pas le comprendre », que son père était mourant. Se doutant de ce que j'en penserais, elle ne m'en avait pas plus informé. Mais comme Claude avait des dons de voyance qui lui permettaient de percevoir ce que les autres avaient dans la tête, c'est elle qui me l'annonça d'une façon on ne peut plus étrange.

Elle entra ce jour-là dans mon bureau, en évitant soigneusement de croiser mon regard et en se bouchant une oreille avec un doigt. C'était sa façon habituelle de m'indiquer qu'ayant retourné ses facultés auditives sur elle-même elle était en état d'autohypnose. Elle tenait une revue à la main qu'elle avait prise dans la salle d'attente et, s'asseyant en face de moi, elle s'en servit pour jouer une scène dans laquelle sa mère feuilletait la revue sans lui répondre, alors qu'elle-même demandait : « T'étais où donc, dans le rêve ? »

Ne comprenant pas ce que cela pouvait signifier, je lui demandais quel était le rôle qu'elle m'attribuait dans cette saynète. Sa réponse fut on ne peut plus brutale. Elle tomba instantanément dans un état de catatonie tel que je dus me retenir pour ne pas la prendre à bras le corps et la secouer. Elle n'était pas totalement inconsciente, puisqu'elle tenait droite sur sa chaise. Je n'avais, néanmoins, plus personne en face de moi. Je la pressais de questions. Elle revint à elle et, sans enlever son doigt de l'oreille, elle me montra ce qu'elle venait de vivre en se mettant à m'en faire un dessin. Elle avait jusqu'ici soigneusement évité de croiser mon regard. Tout en dessinant, elle leva les paupières vers moi et, en me regardant droit dans les yeux, les siens grand ouverts, elle pleura en silence.

C'est la seule et unique fois où je l'ai vue pleurer. Comme la plupart des enfants psychotiques, Claude ne versait jamais une larme. Sur le dessin qu'elle avait fait, elle s'était représentée comme une entité dépourvue de membres, flottant dans l'air et reliée par l'oreille à un univers inconnu. Elle avait donc fait ce que les Américains appellent une « OBE[1] » : une *sortie spontanée de son corps.*

La scène, qu'elle avait jouée dans cette séance, visait à me montrer comment sa mère refusait de répondre à ce qu'elle-même avait perçu dans ce qu'elle appelait « le rêve ». Mais, comme je me révélais ne pas pouvoir, plus que sa mère, comprendre ce dont elle me parlait, elle me montra, en sortant de son corps sous mes yeux, ce qu'était pour elle le « monde du rêve ». Sur son dessin, elle s'est représentée, comme un fœtus dépourvu de membres qui perçoit son père en entendant sa voix. Elle voulait ainsi m'expliquer que le doigt avec lequel elle se bouchait l'oreille lui permettait d'être relié à son père mourant.

Ce qu'elle a voulu exprimer là ne fait pour moi aucun doute. Au cours des cinq années où nous nous sommes fréquentés, sur tous les dessins qu'elle m'a faits, Claude s'est toujours représentée les jambes écartées, à l'image de ce qui lui était arrivé bébé, et pas une seule autre fois de cette façon.

A l'époque, j'ignorais que l'OBE pouvait tout simplement exister. Je ne l'ai découvert qu'assez longtemps après l'arrêt de sa cure. Depuis j'en ai découvert de nombreux autres cas dans ma propre clinique et dans celle d'un certain nombre de mes collègues. Notamment celui issu de la clinique de Françoise Dolto, que nous retrouverons au dernier chapitre de ce livre.

Bien que l'existence de l'OBE ait longtemps été déniée dans notre culture – et le soit aujourd'hui encore –, il s'agit d'un phénomène beaucoup plus fréquent qu'on ne le croit. C'est ce qu'ont montré, il y a un peu plus d'une dizaine d'années, des chercheurs américains dont les plus connus sont Raymond Moody et Kenneth Ring. Ce phénomène mental n'est pas propre à la psychose et peut arriver à tout le monde. Les recherches américaines l'ont défini comme un état d'extériorité à son propre corps qui, permettant de visualiser celui-ci devenu inerte, fait que l'individu a soudainement l'impression de se retrouver hors de son corps. Les travaux français, qui ont suivi ceux des Américains, ont été publiés dans un ouvrage pluridisciplinaire :

1. *Out of body experience.*

La Mort transfigurée [1]. Mais les plus surprenantes de toutes ces recherches restent celles, statistiques, qui, ayant porté sur toute la population américaine, ont permis de découvrir qu'un Américain sur quatre avait vécu au cours de sa vie une expérience de la sorte, survenue spontanément soit dans sa petite enfance, soit au cours d'un accident, d'un coma, d'un viol, d'une chute en montagne ou d'une expérience mystique [2].

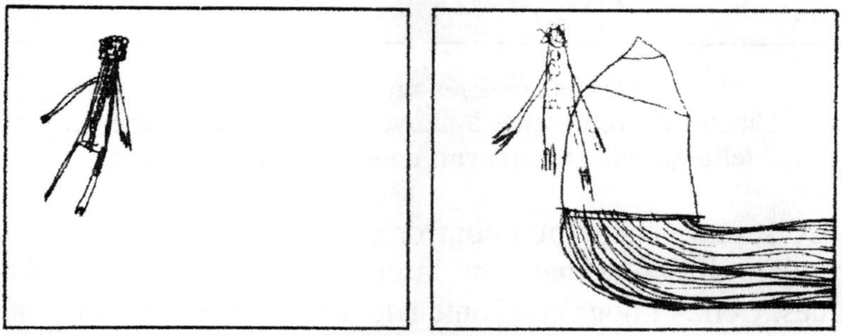

Dessins réalisés un an avant la mort de son père.
Claude s'y représente les jambes écartées,
à l'image de ce qui lui était arrivé bébé.

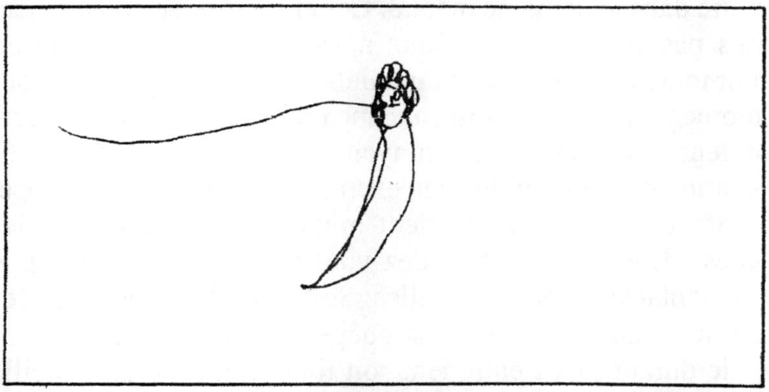

Dessin fait dans la séance coïncidant avec la mort de son père.
Claude s'y représente dans un état d'extériorité à son corps.

1. *La Mort transfigurée*, ouvrage collectif sous la direction d'Evelyne-Sarah Mercier, Belfond-L'Age du Verseau, Paris, 1992.

2. Voir à ce sujet Patrice Van Eersel, *La Source noire*, Grasset, 1986. Voir également Didier Dumas, « Quatre corps en partance : visions d'un psychanalyste acupuncteur », dans Patrice Van Eersel, *Réapprivoiser la mort*, Albin Michel, 1998.

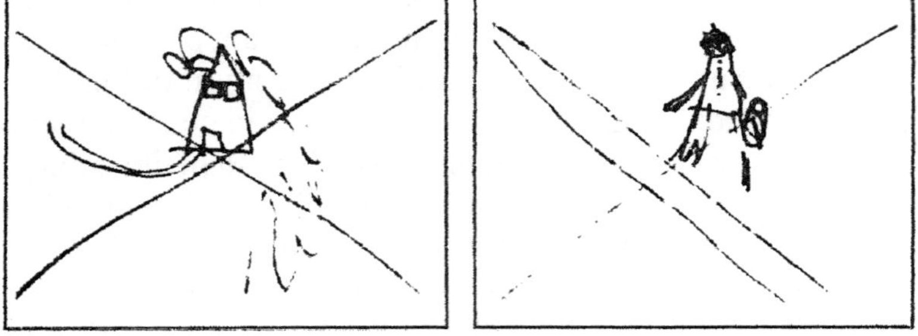

Dessins réalisés un an plus tard.
Claude s'y représente à nouveau les jambes écartées,
telle qu'elle se percevait dans la réalité ordinaire.

Ce à quoi Claude m'a confronté dans cette séance situe la première difficulté que pose la clinique des enfants psychotiques. Celle-ci nous confronte à toutes sortes de phénomènes mentaux dont nous n'avons jamais entendu parler et qui, lorsqu'on s'y arrête, ont de plus le désagrément de nous confronter à la pauvreté de l'outillage conceptuel qui est actuellement le nôtre dans le domaine mental. Ces enfants ne se construisent certes pas comme des enfants normaux. Ils développent en retour toutes sortes de dons auxquels nous ne comprenons pour le moment pas grand-chose, aucune recherche sérieuse concernant leurs étranges facultés n'ayant jamais été faite.

Comment comprendre par exemple le petit Jean-Philippe, un enfant de 6 ans, totalement mutique, qui vivait avec les guêpes ? Lorsqu'il avait rendez-vous avec moi, Jean-Philippe ne se déplaçait jamais sans elles. Soit il gardait emprisonnées entre ses mains deux ou trois guêpes qui nous tenaient compagnie durant tout l'entretien, soit il arrivait avec la bouteille en plastique dans laquelle il les enfermait lorsqu'il lui fallait se libérer les mains pour faire autre chose. Il en transportait alors une bonne trentaine. Aucun des éducateurs ne se serait risqué à ouvrir cette bouteille, mais, lui, au cours des cinq ans où je l'ai connu, ne s'est jamais fait piquer une seule fois par ces insectes dont il avait fait ses compagnons favoris.

Il est, en vérité, on ne peut plus rare que les enfants psychotiques ne témoignent pas de dons médiumniques assez semblables à ceux des mystiques ou des *yogi* que, faute de savoir repérer, nous prenons pour de la folie. Prenons le cas d'Alice[1], une enfant du même âge que Claude. Jean-Philippe parlait aux guêpes, comme saint François d'Assise aux oiseaux. Claude témoignait de dons médiumniques semblables à ceux de sainte Thérèse d'Avila. Alice avait développé un don qui n'est, généralement, attribué qu'aux fakirs.

Alice avait derrière elle un épouvantable passé asilaire. Elle ne possédait que quelques mots de langage. Dès qu'elle était en crise, elle se frappait la tête contre les murs et s'arrachait des lambeaux de chair avec les dents à la base du pouce. Un spectacle insupportable pour les adultes qui s'occupaient d'elle. Pour ma part, je ne comprenais rien au fait qu'elle puisse le faire en riant, jusqu'au jour où sa mère m'a raconté qu'opérée en urgence d'une péritonite Alice avait stupéfait tout l'hôpital en y arrivant fraîche et gaie comme un pinson. Tout individu normal est, dans ce cas, tordu de douleur. Or, Alice avait survécu à une histoire tout à fait épouvantable, en développant la faculté de s'auto-anesthésier à volonté. Lorsqu'elle se mordait à la base du pouce, c'était ce qu'elle essayait de nous faire comprendre.

Si donc les enfants psychotiques sont incapables de référer leur existence à un père incarné et terrestre, du fait qu'il leur est inconsciemment interdit de se considérer comme issus du corps d'un homme, il n'est pas moins évident qu'ils compensent cette lacune en développant des dons semblables à ceux des mystiques pour qui le seul père existant est aux cieux. Ce sont des enfants qui souffrent de ne pas avoir été conçus dans le langage. Ils ne souffrent donc pas, à proprement parler, en eux-mêmes. Ils souffrent en leurs parents, comme, par exemple, le montrait Alice qui se cognait la tête contre les murs, dès que sa mère avait des migraines, et ils souffrent autant de la façon dont leur mère les a mentalement conçus « à l'hôpital », « à l'église », avec leur mère ou leur vieille

1. Le cas d'Alice est, comme celui de Claude, présenté dans « Démons, féminité et travail de l'enfant fou », *L'Ange et le Fantôme*, p. 37 et s., Minuit, 1985.

tante que du mépris avec lequel leur père considère ses propres testicules.

Je leur dois beaucoup. Ce sont eux, et non les instituts de formation, qui m'ont appris le plus fin de mon métier. La psychose permet de considérer « en agrandi » ce qui existe chez tout le monde, et la folie de ces enfants dénonce d'une façon plus spectaculaire ce que les autres expriment à travers des cauchemars, des troubles scolaires ou des somatisations : qu'une société où l'on a tendance à « réduire la fonction paternelle à une goutte de sperme [1] » est un monde dans lequel on ne peut pas grandir !

1. Geneviève Delaisi de Parseval, *La Part du père*, Seuil, 1981.

IV

LA DOUBLE EXISTENCE DE L'ETRE HUMAIN

La double existence d'Adam et Eve

Septembre 1995, jeudi, 22 h.

A mes pieds, près de la cheminée qui crépite, dans un large panier d'osier, c'est l'heure de la tétée. Lascive, les yeux à demi-clos, la chatte du plus jeune de mes fils allaite ses quatre chatons qui se bousculent aux mamelles.

Installé près du feu, la traduction œcuménique de la Genèse à ma droite, celle d'André Chouraqui à ma gauche, j'essaie de me faire une idée personnelle de ce texte. Lues séparément, ces deux traductions de la Bible, qui, en bien des endroits, présentent des textes tout à fait différents, restaient pour moi obscures. J'ai donc adopté une méthode de lecture qui me vient d'un vieil ami prêtre, Claude Larre. Claude Larre est sinologue. Fondateur de l'institut Ricci et de l'Ecole européenne d'acupuncture, il m'a fait découvrir la médecine chinoise et la calme sagesse de la pensée taoïste.

« Ne perds pas ton temps, m'a-t-il dit un jour, à apprendre le chinois. Offre-toi plusieurs traductions du même texte et, en les comparant, fais ta propre traduction. C'est la façon la plus simple d'appréhender ces vieux textes, à ce point riches et denses qu'ils sont intraduisibles. »

J'ai donc décidé d'appliquer cette méthode au texte biblique. Superposant verset à verset la traduction œcuménique commune aux différentes religions chrétiennes à celle d'André

Chouraqui, l'une des plus proches du texte original, j'avance dans ma propre lecture.

Je n'en suis qu'au début du livre, car je n'arrive toujours pas à comprendre pourquoi Adam et Eve y sont créés deux fois. Une première fois, à l'image et à la ressemblance de Dieu, le sixième jour de la Création. Une seconde, le septième, où après avoir façonné Adam dans de la glaise, Dieu extrait Eve de ses rêves et de son corps. Depuis plusieurs mois, je bute sur cette énigme, sans pouvoir trouver chez les différents commentateurs de ce texte une explication qui me satisfasse.

« ... Dieu bénit le septième jour et le consacra, car il avait alors arrêté toute l'œuvre que lui-même avait créée par son action [1] », dit le texte. « Il chôme », traduit Chouraqui. Le terme est fort. Il m'arrête et je me demande : pourquoi Chouraqui écrit-il ici que Dieu « chôme » ? Cela me paraît absurde. Si le Créateur « chôme », il le fait en tout cas d'une très curieuse façon, puisqu'il le fait en recréant ce qu'il a déjà créé la veille ! Il chôme en recréant l'homme et la femme !

Et, soudain, un ange passant, le texte s'éclaire : après avoir matérialisé Adam, Dieu crée les animaux et les présente, un à un, à Adam, pour qu'il leur trouve un nom, qu'il les nomme. C'est donc au regard de cette prise de parole, ou plutôt de la transmission de la parole passant ici de Dieu à Adam, qu'il est alors dit que, le septième jour, le Créateur chôme ! Il matérialise les animaux, mais cette fois, c'est Adam qui les crée par la parole !

Avec quels outils Dieu a-t-il créé l'homme, la femme et l'univers, au chapitre précédent ?

« Dieu dit : “que la lumière soit !” Et la lumière fut. [2] »

Dieu ne s'est servi que de la parole. Il n'a pas utilisé d'autre outil que le Verbe. Si le texte nous dit ici que, le septième jour, le Créateur chôme, cela signifie qu'il transmet alors à Adam l'outil dont il s'est servi lors des six premiers jours de

1. Genèse, 2, 3, traduction œcuménique, Cerf, 1988.
2. Genèse, 1, 3, *id.*

la Création : la parole. Il lui passe le relais de la création, et Adam doit, à son tour, recréer l'univers par la parole. Voilà ce que commémore le dimanche. Il fête l'existence du langage. Il sanctifie le jour où la parole a été transmise à Adam.

En créant l'homme et la femme deux fois, Dieu les crée dans leurs structures mentales, dans leurs âmes, avant de les matérialiser dans un corps. En les créant d'abord à l'aide de sa seule pensée, il les crée sur le mode où ce texte explique que la santé mentale de nos enfants dépend, avant tout autre chose, de la façon dont on les a conçus dans la parole avant de les faire dans un corps. Nous l'avons vu. Le seul des enfants d'Adam et Eve à être viable, Seth, est aussi le seul à avoir été conçu dans la parole, le désir et le nom d'un père.

Constatant une fois de plus que le plus vieux texte de notre civilisation pose le père à l'origine de la santé mentale de l'enfant d'une façon encore plus radicale que ne le fait la psychanalyse, j'en suis le premier stupéfait.

Dieu crée l'homme et la femme en même temps que les animaux. Il les crée solidaires des autres espèces animales. Il les crée mammifères, mais il en fait des mammifères « à son image ». Voilà comment la Bible pose la première difficulté du statut de l'être humain. L'être humain y est présenté comme un individu devant répondre d'une double existence, l'une de corps et de matière qui ne le différencie guère des autres espèces vivantes, l'autre de Verbe et de parole qui en fait un descendant divin.

L'homme n'est-il pas, en effet, pourvu d'une double existence, l'une, biologique, l'autre, spirituelle ? Il existe dans un corps et il existe dans un nom. Il existe dans la matière et la biologie de son organisme, mais il existe aussi dans l'immatérialité du langage où seul son nom l'y représente, et ces deux existences n'ont ni la même nature ni la même origine. La première prend forme dans l'utérus de sa mère. La seconde a pour matrice la façon dont elle nous a conçu dans les paroles, les désirs et les souffles d'un père. L'être humain doit, de ce fait, assumer une double hérédité, et celle, corporelle, génétique, qui l'installe dans son corps n'est, comme le laisse entendre la Bible, que sa seconde hérédité. La première est celle qui lui donne place dans le langage, et c'est de loin la plus lourde, car c'est celle qui est proprement humaine.

Nous accédons à la vie par deux portes différentes. La porte de notre existence matérielle est la rencontre d'un spermatozoïde et d'un ovule. Celle de notre existence mentale est l'identification au nom qu'on nous donne. L'hérédité génétique détermine la forme du corps, la longueur du nez, la couleur de la peau, des cheveux ou des yeux. Elle dépend des chromosomes hérités de nos parents. L'hérédité mentale est autrement plus difficile à cerner. Elle échappe à l'investigation des sciences objectives. Elle ne dépend pas des processus biologiques responsables de notre corps et n'a, en fait, pas d'autre origine que la psyché de nos parents. Elle prend source dans les processus mentaux avec lesquels ils nous ont conçus. Elle trouve son origine dans leurs paroles, leurs mots et leurs fantasmes, c'est-à-dire l'activé mentale consciente et inconsciente qui, leur ayant permis de s'aimer, a fait que deux de leurs cellules se sont rencontrées pour donner ce que nous sommes.

L'hérédité spirituelle est aussi incontournable que l'hérédité physique. Elle détermine la santé mentale. Elle suscite des maladies souvent plus graves que celles qui atteignent le corps. Elle est responsable de ce que représente Caïn, du meurtre, de l'intégrisme et du fascisme. Autant de maladies qui, comme les névroses ou les psychoses, n'ont aucune origine physique, et qui ne dépendent que de ce que nos parents nous ont inconsciemment transmis en nous mettant au monde.

La nécessité de se trouver un père est, en conséquence, l'une des caractéristiques de l'être humain. L'homme est en réalité le seul mammifère à éprouver ce besoin, et si nos Eglises, au lieu de présenter le plaisir sexuel comme une activité diabolique, avaient expliqué que le péché, tel qu'il est présenté dans la Bible, consiste à faire des enfants sans les avoir auparavant conçus dans la parole et le désir, il est probable que notre culture n'aurait pas eu un si urgent besoin d'inventer la psychanalyse.

Levant les yeux pour y réfléchir, je tombe sur le charmant spectacle de la chatte qui nettoie et cajole ses petits. Assumant seule la responsabilité de leur santé, elle ne se contente pas de les nourrir. Elle les lèche, les manipule et les mordille. Jouant ainsi avec eux, elle prend en charge leur construction sexuelle. Elle les initie à un mode de communication qu'ils retrouveront dans la sexualité.

Sous cet angle, le rapport du chaton à sa mère n'est pas très différent de celui du bébé. Et, méditant sur cet attendrissant spectacle, je me demande : n'est-ce pas là ce que les différentes traductions de ce texte appellent indifféremment la terre, la chair, la glaise ou la glèbe ? Cette chatte nourrissant et cajolant ses petits ne représente-t-elle pas toute la générosité de la terre ?

Il n'empêche que le chaton n'a pas besoin de se chercher de père ! La dualité des fonctions parentales n'existe pas chez les autres mammifères. Les animaux ne possèdent pas d'existence langagière et celle-ci est la seule qui demande d'être au moins deux pour pouvoir exister. C'est ce qui rend la fonction paternelle spécifique à l'être humain. Il faut être deux pour inscrire l'enfant dans le langage, l'enraciner dans l'existence mentale, et si sa conception s'effectue en dehors de toute parole, nous dit la Bible, rien ne permet plus de différencier la sexualité humaine de celle des autres mammifères.

L'homme est un être de langage et le produit de ses amours, l'enfant, l'est tout autant. Chez lui, les fonctions parentales transcendent l'existence du corps. Ce sont des fonctions d'accueil dans la parole et les mots, et c'est pourquoi le désir de grandir d'un enfant, sa santé spirituelle, ce que Françoise Dolto appelait son « allant devenant », sont déterminés par les mots qui président à sa conception. Les psychanalystes qui travaillent dans les centres médico-pédagogiques et autres institutions prenant en charge l'évolution mentale de l'enfant le constatent quotidiennement : les enfants attendus dans la parole, le désir et la demande d'un homme se développent toujours mieux que ceux qui ont été conçus à son insu et reconnus par la suite.

Maternant son enfant, la mère l'initie à une double existence, l'une de corps, l'autre de paroles, mais l'homme, le père avec lequel elle l'a conçu, reste le garant de son existence proprement humaine, car il est celui avec lequel elle l'a inscrit dans son existence langagière et mentale. Il suffit d'observer une chatte maternant ses petits, pour saisir que la fonction maternelle n'est, en aucun cas, ce qui nous différencie des autres mammifères. Ce qui nous fait humain est d'être mis au monde par un être de langage, une mère qui nous introduit à notre existence mentale, en sachant comment, avec qui et avec quelles pensées elle nous a conçus.

L'être humain est tout autant fait de ce qu'il mange que de ce qu'il entend. C'est donc en lui parlant de son père que sa mère l'introduit à son existence mentale. L'enfant découvre le rôle revenant à son père dans sa présence, en le rencontrant, tout d'abord, dans les affects de sa mère. Il comprend qu'il est autre chose qu'un petit chat en percevant que les paroles qu'elle a échangées avec lui sont les premiers jalons de sa présence. C'est ainsi qu'il découvre qu'il a été conçu dans l'amour, le langage et les mots, autant que dans un corps. Garant de l'existence langagière, le père est ainsi un lieu d'enracinement proprement humain, une matrice identificatoire dont dépend l'inscription de l'enfant dans le langage, et c'est en cela qu'il est le premier pivot de sa construction mentale.

L'existence corporelle et l'existence mentale dans les dessins d'enfants

Novembre 1996.

Installé dans la véranda de mon bureau, je prépare un exposé sur l'*image inconsciente du corps* pour un stage de La Harpe, une institution de formation permanente créée par

Willy Barral. Et, tout en écrivant, je me demande comment il se peut que le génie clinique de Françoise Dolto ait surpris plusieurs générations d'analystes, alors qu'ils sont encore si peu nombreux à en avoir compris l'assise théorique.

L'*image inconsciente du corps* est le concept majeur de la clinique de Françoise Dolto : le seul qu'elle a vraiment tenu à créer. C'est néanmoins un outil clinique dont fort peu de cliniciens ont saisi la portée. Voilà pourquoi Willy Barral a demandé aux analystes qui animent ce stage de constituer en parallèle un groupe de travail et de réflexion sur ce concept. A l'époque où nous nous sommes connus, du temps où l'Ecole freudienne de Paris fondée par Jacques Lacan était une florissante institution, personne, en effet, ne comprenait ce qu'était cette « image invisible » à laquelle Françoise Dolto référait son travail. Or il semble qu'un grand nombre de nos collègues en soient toujours là et, y réfléchissant, j'en cherche les raisons.

L'*image inconsciente du corps* est un concept qui ne peut se comprendre sans une certaine remise en cause de la théorie freudienne. Il ne trouve, de plus, aucune place dans la théorie de Lacan. Cela pourrait suffire à expliquer le peu d'intérêt que lui ont accordé nos collègues. Mais, en fait, aux yeux de cliniciens qui se disent scientifiques ou matérialistes, ce qui rend ce concept inacceptable n'est pas que l'*image inconsciente du corps* soit une « image invisible ». L'inconscient l'est tout autant. C'est que cette image apparaisse comme une instance autonome du corps physique au point de pouvoir s'en séparer.

Dans l'œuvre de Françoise Dolto, l'*image inconsciente du corps* est une instance inconsciente qui filtre, bloque ou amplifie les affects, les pulsions et les fantasmes responsables de la vie corporelle. C'est l'instance qui, comme je l'ai longuement expliqué [1], gouverne tout le registre de la jouissance

1. Didier Dumas, « L'image inconsciente du corps dans la mobilité corporelle et sexuelle de l'esprit », dans *Françoise Dolto : c'est la parole qui fait vivre. Une théorie corporelle du langage*, ouvrage collectif sous la direction de Willy Barral, Gallimard, Paris, 1999.

érotique et sexuelle. Ce n'en est pas moins une instance mentale qui, n'étant pas totalement assujettie au corps physique, peut s'en séparer, comme cela s'observe dans l'autisme, la schizophrénie, le sommeil ou les états comateux.

Lorsque, par exemple, j'avais montré à Françoise Dolto les dessins de Claude, en lui racontant ce qui s'était passé dans la séance coïncidant avec la mort de son père, elle avait cherché à en expliquer le vécu à l'aide de ce concept. Il était évident, pour elle, que les autistes et les schizophrènes ne situent que rarement leur *image inconscience du corps* à l'intérieur de leur propre corps. Elle concevait donc ce qui était arrivé à Claude comme une séparation du corps et de l'*image inconsciente du corps*, en y voyant un phénomène semblable à ce qui se passe parfois au cours de comas profonds.

A cette époque où les recherches américaines sur les sorties spontanées du corps étaient totalement inconnues en France, Françoise Dolto avait déjà rencontré des cas similaires. Dans le séminaire de psychanalyse d'enfants qu'elle tenait à l'Ecole freudienne de Paris, elle en avait présenté deux, qui étaient pour elle une illustration de la façon dont l'*image inconsciente du corps* se présente dans les états limites, le coma ou la folie, comme une instance autonome du corps physique. Celui d'une mère qui, ayant sombré dans le coma après avoir mis au monde une petite fille, se percevait « dans un coin du plafond » de la clinique, d'où « elle observait son mari et le réanimateur penchés au-dessus d'une forme humaine aussi plate qu'une feuille de papier ». Et celui de Patrick, un enfant de 8 ans, qui avait appris l'italien « extradé de son corps [1] ». Voyageant en Italie avec ses parents, cet enfant avait eu un terrible accident de voiture. Ses parents étaient morts sur le coup et lui-même s'était retrouvé dans le coma pendant près de trois mois. Or, ce petit garçon qui, au moment de son accident, ne parlait que le français était ressorti de son coma en ayant tout oublié de sa langue maternelle, mais en parlant couramment l'italien.

1. Françoise Dolto, *Séminaire de psychanalyse d'enfants*, Seuil, Paris, 1982, t. 1, p. 116 et 117.

En présentant ces deux cas, le principal objectif de Françoise Dolto était de montrer que les phénomènes de communication et d'entendement ne sont pas forcément interrompus par le coma. Elle expliquait ainsi, à une époque où nul ne le pensait possible, quelque chose qui est aujourd'hui connu. A savoir que l'activité mentale d'une personne dans le coma ne s'interrompt pas forcément et que celle-ci peut donc continuer à entendre et percevoir ce qui se dit autour d'elle.

Nous reviendrons plus longuement sur l'accident comateux de cette femme qui se percevait dans un coin du plafond, car la dimension la plus intéressante de ce cas n'est pas qu'il soit semblable à ce que les Américains appellent une OBE, une sortie spontanée du corps, mais le génie avec lequel Françoise Dolto a favorisé la guérison spectaculaire de cette femme que la médecine avait condamnée à l'hémiplégie. La perception de platitude du corps ayant marqué ce coma provenait, selon elle, de ce que cette femme entendait alors son mari et le réanimateur parler du tracé *plat* de son électro-encéphalogramme. Elle y voyait donc la trace de ce que le comateux entend « inconsciemment » se dire autour lui. On trouve un phénomène semblable dans le témoignage d'une autre psychanalyste de l'Ecole freudienne de Paris, Diane Chauvelot. Celle-ci raconte, dans un livre plus récent, comment au cours d'un coma de quarante-sept jours, elle percevait ce qui se passait et se disait autour d'elle sur un mode profondément déformé et apparenté aux processus oniriques[1]. Mais, à cette époque où nul ne pouvait encore admettre que les structures mentales d'un comateux continuent à fonctionner alors même que son activité cérébrale semble interrompue, l'on conçoit la stupeur que ces deux cas avaient soulevée dans son auditoire. Que l'*image inconsciente du corps* de cette femme puisse ne plus être en elle-même, mais au plafond, paraissait invraisemblable à tous. Les thérapeutes auxquels Françoise Dolto s'adressait avaient le plus grand mal à comprendre qu'elle y voyait un phénomène semblable à ce que l'on

1. Diane Chauvelot, *47 jours hors la vie : le coma, un voyage dans l'inconscient*, Albin Michel, Paris, 1995.

constate dans les cures des autistes et des schizophrènes, qui « ne localisent visiblement pas dans leur corps l'endroit où ils se trouvent[1] ».

L'*image inconsciente du corps* est une instance mentale constructive de ce que l'on appelle la personnalité, une instance intermédiaire entre l'existence matérielle et l'existence mentale qui, les reliant l'une à l'autre telle une charnière, forme la personnalité. Dans l'un de ses premiers articles, « Personnologie et image du corps[2] », Françoise Dolto l'explique d'une façon fort intéressante, à partir des très nombreux dessins que lui ont faits les enfants tout au long de sa carrière. Or, de la même façon que la Bible nous présente l'être humain comme un individu doté d'une double existence, les représentations que le petit enfant se fait de sa vie sont, elles aussi, toujours doubles.

La première chose que dessinent les enfants est une espèce d'amibe traversée par des lignes, une amibe qui absorbe. Ils donnent ainsi à voir la façon dont le nourrisson perçoit son corps, comme un sac traversé par des flux d'énergie et d'échanges. Mais parallèlement à cela, ils dessinent de toutes petites spirales, des espèces de petites coquilles d'escargot qui, pour Françoise Dolto, symbolisent le désir.

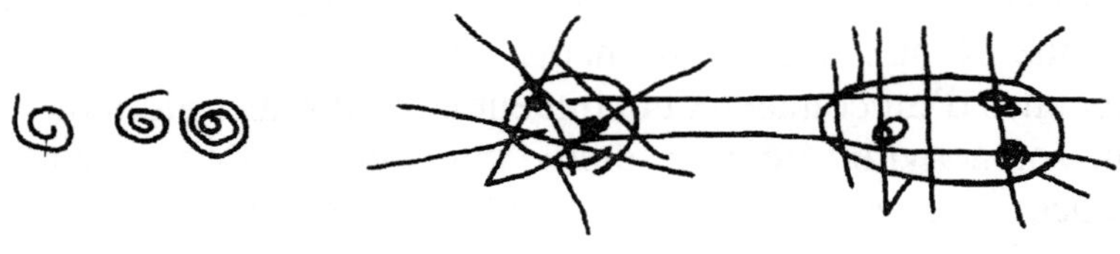

Traits primitifs droits et courbes
dans leurs combinaisons figuratives[3]

1. Françoise Dolto, *op. cit.*, p. 118.

2. Françoise Dolto, « Personnologie et image du corps », *Au jeu du désir*, Seuil, 1981.

3. Ce dessin, ainsi que les suivants sont tirés de Françoise Dolto, *Séminaire de psychanalyse d'enfants*, © Editions du Seuil, Paris, 1982.

Suivant le sens dans lequel on les considère, ces spirales représentent aussi bien le flux centrifuge des pulsions masculines que celui, centripète, des pulsions féminines. Elles symbolisent ce que représente la spirale dans la plupart des traditions anciennes : l'énergie créatrice, celle de la vie et du désir. Voilà donc comment le nourrisson se représente la vie. Il la perçoit d'entrée de jeu comme double, polarisée d'un côté par le corps, de l'autre par le désir. Mais lorsque, grandissant, l'enfant dessine ces « premières et plus précoces représentations graphiques du sentiment de vivre », il « ne s'en reconnaît pas l'auteur, passée la minute où il les trace ; ou, s'il s'en reconnaît l'auteur, il les déclare représenter d'autres images que celles qu'il avait annoncées pendant le moment où il dessinait [1] ». Cela vient de ce que ces représentations, qui rendent déjà compte de son *image inconsciente du corps*, ne figurent pas, à ses yeux, quelque chose de proprement humain. Elles symbolisent la dualité primordiale des mouvements de vie, celle du corps et du désir, de l'absorption et de l'expulsion, du recevoir et du donner, de l'accueil et de l'imposition, mais non encore un être humain.

« La première représentation modelée ou imagée du corps vivant, assumée par l'enfant et reconnue comme telle par la suite, est un long cylindre péristaltique, un serpent à renflements, formé de morceaux accolés, image du corps digestif muqueux, avançant tant à travers la mère qu'à travers l'enfant. » L'enfant dessine alors une sorte de ver de terre ou, s'il utilise de la pâte à modeler, il fabrique un boudin.

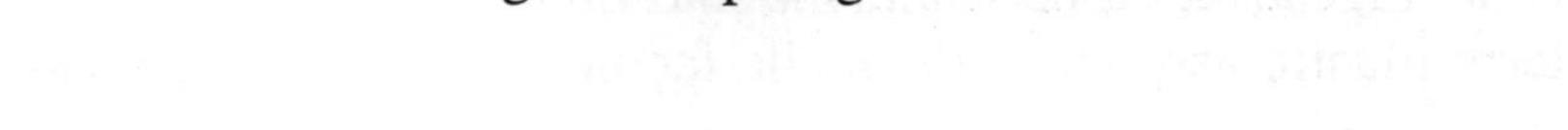

Premières représentations modelées
de l'image du corps digestif fonctionnel

1. Françoise Dolto, *op. cit.*, p. 82.

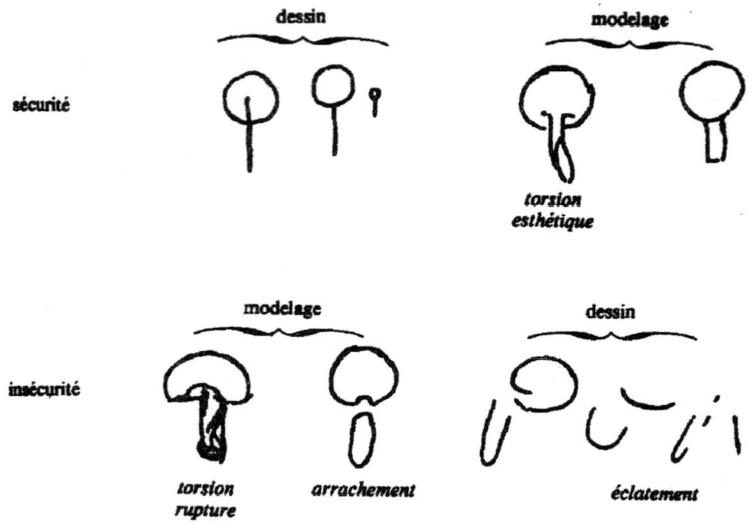

Premières représentations de la « prépersonne »
et de ses expériences libidinales médiatisées par l'image
du corps-dyade mère-enfant digestive

Ce « cylindre péristaltique » est la première représentation qu'il se fait de son existence matérielle, corporelle, alors que, dans le même temps, il représente son existence mentale par « la forme figée d'une boule dotée d'une queue apicale [1] ». Il dessine ou modèle une boule munie d'une tige, une forme évoquant une fleur, une cerise, un champignon, un têtard ou un spermatozoïde : une tête munie d'une tige ou d'un flagelle.

L'enfant perçoit ainsi sa vie de deux façons qui ne répondent ni aux mêmes lois ni aux mêmes données. Il se sent exister dans un corps, centré par la mobilité péristaltique de son tube digestif, alors que, par ailleurs, il se sent exister dans des structures mentales, centrées par la solidité et la fermeture de la tête.

En se représentant comme un boudin ou un ver de terre, il rend compte de la façon dont la vie corporelle est tout d'abord celle, digestive, du péristaltisme intestinal. L'image du ver de terre illustre assez bien de quelle façon le péristaltisme intes-

1. Françoise Dolto, *op. cit.*, p. 82 et 83.

tinal du nourrisson est dans le prolongement de celui de sa mère. Si l'on coupe un ver en deux, les deux parties continuent à vivre, à bouger, et cela semble en faire deux. Or, au niveau du fonctionnement digestif d'un nourrisson, tout se passe comme si la naissance n'effectuait rien d'autre qu'une coupure entre les corps qui, séparés, n'en continuent pas moins à fonctionner en continuité.

Lorsqu'un nourrisson, séparé de sa mère par une hospitalisation ou pour toute autre raison, perd le réflexe de succion et refuse de s'alimenter, il suffit, comme l'a découvert Françoise Dolto, d'entourer son biberon d'un linge de corps appartenant à sa mère et imbibé de son odeur pour qu'il le retrouve. Il se remet ainsi à téter, car l'odeur de sa mère rétablit la continuité péristaltique qui le relie à elle. Voilà donc pourquoi l'enfant se représente sa vie corporelle comme un tube digestif que Françoise Dolto caractérise comme un cylindre « avançant tant à travers la mère qu'à travers l'enfant ».

Dans le même temps, l'enfant représente son existence mentale par une boule munie d'un appendice. Il symbolise ainsi une autre forme de mobilité, celle de la tête et du déplacement mental. La « boule apicale » est une tête munie d'un membre ou d'un flagelle, c'est-à-dire une tête pourvue d'une énergie qui lui permet de se déplacer. Elle représente une mobilité très différente de celle à laquelle est soumis le corps.

L'esprit peut se déplacer dans le passé ou le futur. Sa mobilité est temporellement réversible. Celle du corps ne l'est pas. Le corps évolue irrémédiablement du passé vers le futur. Il ne peut pas se soustraire à ce que les scientifiques appellent « la flèche du temps ». Il est assujetti à la même loi que tout objet matériel, celle que les physiciens appellent la loi d'*entropie* : le fait que la constitution matérielle des choses, des objets et des êtres évolue obligatoirement, à plus ou moins long terme, d'une situation d'ordre vers une situation de désordre, et qu'en conséquence les molécules et les atomes dont ils sont faits sont inévitablement destinés à s'éparpiller.

La matière qui constitue notre corps n'a, de ce fait, rien de stable. Il nous faut quotidiennement manger et respirer, car les molécules et les atomes dont nous sommes faits doivent en permanence être renouvelés, et si nos structures mentales ne luttaient perpétuellement contre l'*entropie* de la matière, le corps serait *illico* voué au désordre et à l'éparpillement, comme il l'est dans la mort.

Tout ce dont est fait notre corps n'y était pas il y a quelques années. Au cours d'une vie, ce sont des tonnes de matière qui nous traversent. Il est donc, en fait, assez paradoxal que nous ayons tendance à considérer l'esprit comme une réalité instable, sans consistance, et le corps comme une réalité solide et stable alors qu'en réalité c'est exactement l'inverse. La seule chose qui soit stable en nous est ce qui assure le renouvellement de la matière dont nous sommes faits, c'est-à-dire l'activité psychique qui nous permet de savoir respirer et manger.

C'est à ce niveau qu'il faut situer l'image du corps comme une instance qui articule l'existence biologique et corporelle, faisant de nous des mammifères, à celle, mentale, qui nous est propre. L'*image inconsciente du corps* est, pour cette raison, centrale dans l'érotisme, mais, dans l'enfance, elle est le mode d'expression du nourrisson qui, ne pouvant pas encore s'exprimer avec des mots, le fait à l'aide de tout son corps. Elle se structure alors dans la relation de communication qui relie l'enfant à ceux qui s'occupent de lui. Et il est, à ce niveau, vital pour la santé mentale du nourrisson de pouvoir s'identifier à deux personnes. Car, comme nous le verrons à propos des travaux d'une autre mère de la psychanalyse, Sabina Spielrein, le désir du bébé de se mettre à parler ne dépend pas de l'identification à sa mère, mais de l'identification à son père.

La magie du premier mot

Isabelle est sûre d'une chose, elle n'aurait jamais pu assumer d'être mère sans la patience de Jérôme. Après avoir mis en échec un certain nombre de médecins, elle a atterri chez moi pour y travailler une histoire familiale assez lourde. Elle était incapable de nouer avec les hommes autre chose que des relations assez infantiles qui se retrouvaient, de ce fait, par avance vouées à l'échec, et elle souffrait d'une phobie de l'espace qui lui interdisait de se promener seule dans la rue. Le travail qu'elle a fait sur elle-même l'a, en quelques années, transformée en une femme active. Sa phobie et ses angoisses dissoutes, elle est devenue une militante infatigable et une organisatrice hors pair. Ce qui l'a promue à la tête de toute l'organisation culturelle et sociale d'une municipalité de banlieue.

Isabelle ne voulait pas d'enfant. Elle s'était juré à 12 ans de ne jamais en avoir, et si elle n'avait rencontré Jérôme, un jeune psychiatre terminant, comme elle, son analyse personnelle, il est probable qu'elle n'aurait jamais remis cette décision en cause. Mais elle est tombée amoureuse de Jérôme et Jérôme voulait des enfants. Le jour où il lui a, comme elle dit, « mit les points sur les "i" », elle est arrivée à notre rendez-vous dans un état d'angoisse épouvantable, persuadée qu'elle n'avait pas d'autre choix que de le quitter. Dans les mois qui suivirent, les discussions entre eux furent souvent orageuses. Jusqu'au jour où, sortant de chez son gynécologue, elle arriva chez moi en déclarant qu'elle se « jetait dans l'aventure ». Elle commença par faire une fausse couche et sa deuxième grossesse la cloua au lit pour quatre mois. Cela ne l'empêcha pas de mettre au monde un petit Fabien qui, bien que légèrement prématuré, s'est fort bien et fort vite développé.

Depuis quelque temps, Isabelle me donne l'impression de ne venir à ses séances que par fidélité à ma personne. Elle va bien et elle s'étonne que cet « état de grâce » puisse ainsi durer :

« Ne trouvez-vous pas incroyable, que l'on puisse venir à bout des pires souffrances en ne faisant rien d'autre que d'en parler ? Que cela puisse soigner me semble encore invraisemblable ! En fait, le métier que vous faites est un métier de magicien !

– Ce qui vous semble magique dans ce travail qui est, avant tout, le vôtre, c'est la parole elle-même ! Rappelez-vous Fabien ! Rappelez-vous l'époque où il ne disait que “chaud” ! »

Fabien s'était mis à parler exceptionnellement tôt. Alors que les enfants prennent généralement la parole vers 2 ans, il avait prononcé son premier mot lorsqu'il commençait à peine à marcher et n'avait pas encore un an. Il est vrai qu'il avait été très attendu par des parents ayant tous deux longuement investi la psychanalyse, ce qui peut expliquer cette précocité.

A cette époque, voulant toucher à tout, il s'était brûlé en cherchant à tripoter une ampoule allumée. L'entendant hurler, Isabelle était accourue, et ne sachant quoi faire pour le calmer, elle lui avait dit :

« Mais, il ne faut pas toucher les ampoules. C'est chaud !

– Chaud ! Chaud ! répéta alors Fabien qui, le premier stupéfait de s'entendre parler, s'arrêta instantanément de pleurer. »

« Je ne l'avais jamais vu, m'avait-elle dit alors, avec un tel sourire de ravissement. Il semblait être subitement passé des larmes à la béatitude. »

Me rappelant ces paroles, j'ajoute :

« Souvenez-vous comment son premier mot a instantanément stoppé ses larmes.

– Ah ça, je ne suis pas prête de l'oublier ! Un passage instantané des larmes au bonheur ! Comme si prononcer une parole avait magiquement effacé toute douleur.

– Magiquement, c'est vous qui le dites... C'est la parole qui est magique ! Fabien était dans cet état d'émotion extrême, car il venait de découvrir que parler résout la douleur. »

Que la mise en mots de ce dont on souffre soit la première arme contre la douleur est la base même de la pratique analytique. C'est également le principal remède des vieilles et des matrones qui cherchent en papotant à exorciser toute la misère du monde. A l'âge adulte, la recréation du monde dans une symbolique sonore nous est à ce point familière que la magie du langage ne nous étonne plus. Il n'empêche qu'au moment où nous avons prononcé nos premiers mots nous avons tous, comme Fabien, été émerveillés par cette faculté de recréer la vie dans la parole et de la rendre ainsi maîtrisable, au point de repousser la douleur.

Le premier mot d'un enfant est un événement décisif dans la conquête de son existence mentale. La mise en mots de tout événement dérangeant, angoissant ou douloureux, permet d'en amoindrir la souffrance, et ce qui est vrai pour l'adulte l'est pour l'enfant, si ce n'est qu'en prononçant ses premiers mots il en fait la découverte. L'enfant vit ainsi son entrée dans la parole comme un phénomène extraordinaire. Confronté pour la première fois au pouvoir des mots, il les appréhende comme des formules magiques.

Retrouvons Fabien le lendemain du jour où il prononça son premier mot. Il est assis sur sa chaise haute. Isabelle lui sert une bouillie et, la posant devant lui, elle lui dit qu'il faut attendre que l'assiette refroidisse. « Chaud ! Chaud ! » ponctue alors Fabien. Isabelle sourit. « Il a établi une relation entre la chaleur de la lampe et celle de l'assiette », se dit-elle, émue.

Or il n'en est rien. Fabien était certes, à cet âge, tout à fait capable d'établir cette relation, mais ce n'était pas ce qu'il exprimait alors. Jérôme le découvrit quelques jours plus tard.

Se promenant tous deux au jardin du Luxembourg, ils croisent un autre enfant qui tient un cornet de glace à la main. Cela fait envie à Fabien. Voulant que Jérôme lui en achète un, il lui crie : « Chaud ! Chaud ! » Voilà comment Jérôme a découvert que Fabien attribuait à ce mot le pouvoir de gouverner ses désirs. « Chaud » fut longtemps le seul mot qu'il prononça. Les bonbons étaient « chaud », au même titre que les esquimaux à la vanille, les personnes inconnues ou les bruits qui lui faisaient peur. « Chaud » était pour lui une incantation susceptible de nommer et de devancer ses désirs, comme de repousser ce qui risquait d'y faire obstacle. La deuxième fois où il avait prononcé cette « formule magique » ce n'était donc pas pour qualifier la température de l'assiette, mais pour tempérer son désir d'avaler sa bouillie. Pour se donner les moyens d'attendre, comme sa mère le lui avait demandé.

Tant que l'enfant ne parle pas, au moindre obstacle qu'il

rencontre, le voilà qui pleure et appelle au secours. Il n'attend alors de soulagement que de sa mère. Lorsque Fabien hurle parce qu'il s'est brûlé, sait-il qu'il y est pour quelque chose ? Non. Il sait seulement qu'il souffre. Et si quelqu'un en est responsable, c'est sa mère, puisque, de son point de vue, elle est la seule à pouvoir l'en soulager. Mais dès qu'il prononce un mot, dès qu'il peut nommer sa souffrance, lui donner forme dans un symbole sonore, le voilà responsable de son acte. Et, le devenant, il s'arrête de pleurer.

L'on n'est pas toujours assez attentif à la puissance émotionnelle avec laquelle l'enfant entre dans la parole. Dans la très vive émotion que soulève en lui la maîtrise de son premier mot, il découvre la faculté de maîtriser lui-même ses désirs et ses pulsions. Il y découvre donc un pouvoir qui lui permet de se passer de sa mère, et c'est ce qui explique qu'il s'en serve alors comme d'une formule magique.

Un an et demi plus tard, alors que Fabien parlait déjà couramment, Jérôme le surprit un matin au lever du soleil, en contemplation, devant la fenêtre. Pour exprimer la vive émotion que provoquait, en lui, le lever du jour, il s'écria : « Chaud la fenêtre ! »

Prononcer son premier mot, c'est recréer le monde. N'en trouvant pas d'autre pour exprimer ce qu'il ressentait, Fabien avait associé l'émotion provoquée par le soleil levant dans la *fenêtre* à celle qui l'avait *fait-naître* dans le langage.

Mama, popo : l'intérieur et l'extérieur de la vie

J'ai décidé de ranger les livres qui traînent un peu partout dans mon bureau et je tombe sur celui de Michel Guibal et Jacques Nobécourt, *Sabina Spielrein, entre Freud et Jung*[1]. L'ouvrant j'y relis l'article de Sabina Spielrein sur la genèse des mots « papa » et « maman », et je suis, à nouveau, frappé par la fraîcheur de ce texte qui date de 1920.

1. Michel Guibal, Jacques Nobécourt, *Sabina Spielrein, entre Freud et Jung*, Aubier-Montaigne, Paris, 1980.

Analysée par Jung, Sabina Spielrein est la première femme a avoir été membre de la société psychanalytique de Vienne, fondée par Freud. Cette pionnière de la psychanalyse est peu connue. D'origine russe, elle a disparu au cours des événements de la révolution d'Octobre, et si le livre de Michel Guibal et Jacques Nobécourt n'y avait remédié, elle serait restée inconnue en France. Son article, « La genèse des mots enfantins "papa" et "maman"[1] », reste un travail tout à fait exceptionnel dans la littérature psychanalytique. C'est le seul qui, à ma connaissance, se soit penché sur les rapports existants entre la phonétique employée par l'enfant et sa vie pulsionnelle. Mais c'est surtout un article de mère, écrit après la naissance d'un premier enfant, et dans lequel elle se présente comme une femme qui, ayant suivi une analyse, regarde d'un autre œil le développement de son enfant. Elle se situe donc dans une position semblable à celle d'Isabelle ou de Marie me parlant de leurs enfants, et sa façon de référer la théorie à ce que nous apprennent nos propres enfants est presque unique dans la littérature analytique. Je n'y ai, personnellement, rencontré que deux écrits de la sorte. L'autre étant celui de Françoise Dolto, sur la jalousie du puîné[2].

Sabina Spielrein considère que l'acquisition du langage s'effectue en trois temps.

Le cri étant la forme archaïque du mot, la première étape de l'acquisition du langage s'inaugure à la naissance, avec la respiration pulmonaire et la faculté de crier. C'est le *stade autiste* du langage dans lequel la qualité des bruits, leur tempo vibratoire, leur intensité, leur agencement, leur « musique », priment sur toute autre chose. La seconde est son *stade magique*. Semblant utiliser les mots à tort et à travers, l'enfant découvre la faculté de recréer la vie dans le langage. Il utilise les mots comme des formules magiques. C'est le mot « chaud » du petit Fabien. La troisième est celle qui se poursuit

1. Dans Michel Guibal, Jacques Nobécourt, *op. cit.*

2. « La dynamique des pulsions et les réactions dites de jalousie à la naissance d'un puîné », *Au jeu du désir*, Seuil, Paris, 1981.

à l'âge adulte. Chaque mot devenant le symbole d'une chose précise, la langue peut alors servir les fonctions de jugement et la capacité à raisonner. C'est son *stade symbolique* dont les premières touches sont les mots « maman » et « papa ».

Sabina Spielrein a donc porté une attention particulière à la genèse de ces deux premiers mots : « papa » et « maman », avec lesquels l'enfant désigne ceux qui l'accueillent et lui permettent de combler sa prématuration psychique. Passant en revue toutes les langues indo-européennes, elle constate que le « m » de « maman » est une constante. Dans toutes ces langues, c'est toujours la labiale « m » que l'enfant utilise pour désigner sa mère. Observant le sien, elle comprend que l'émergence de cette labiale est favorisée par l'acte de téter : qu'elle est préfigurée par la mobilité musculaire des lèvres au moment où l'enfant prend le sein, « mama », « momo », « mémé » ou « mamy », recréant assez fidèlement le plaisir de la tétée.

Lorsque l'enfant babille et que, jouant avec l'air, le mouvement de ses lèvres produit un « m », il retrouve les mécanismes musculaires dont il s'est servi pour vider le sein. Retrouvant ces mouvements, il réinvente le plaisir de téter, mais, le retrouvant en le recréant dans l'air, la vibration qui en surgit : le « m », devient le représentant de ce plaisir. La consonne « m » est ainsi le palier d'accès au *stade symbolique* du langage, et, dans toutes les langues, « maman » est le premier symbole de la réalisation du désir.

A ce premier son symbolisant le désir, au « m » de « maman », succède le « d », le « b », le « t » ou le « p », des consonnes qui donneront ces mots, « papa », « daddy » ou « baba », avec lesquels l'enfant désigne son père dans les langues indo-européennes. Mais alors que le « m » recrée et symbolise un mouvement d'absorption, l'emploi de ces consonnes représente un mouvement d'expulsion. Elles surgissent au moment où l'enfant, rassasié, abandonne le sein. Le nourrisson babille des « p », des « d » ou des « b » quand, repu, il joue avec l'air sortant de sa bouche. Retrouvant les sensations avec lesquelles il a rejeté le sein, il y substitue des sons ludiques. « Papa », « pépé », « pipi » ou « popo » symbolisent ainsi, dans toutes les langues, la faculté de renoncer au désir, de le tenir à distance ou d'en repousser la contrainte.

« Papa » et « maman » sont donc des mots qui ne désignent que secondairement les parents. A leur origine, dans la bouche de l'enfant, ils représentent la bisexualité du nourrisson, c'est-à-dire le plaisir d'absorber et d'expulser, provenant du bien-être que procure le sein, auquel succède celui de le rejeter.

« Mama », « mïe » ou « maman » évoquent le sein envahissant la bouche, le plaisir d'accueillir l'autre en soi-même : un plaisir qui identifie le nourrisson à la sexualité de sa mère. « Papa », « popo » ou « pipi », celui de le maintenir à distance, en pénétrant son univers par des bruits ou des excréments. Ce qui l'identifie à la sexualité de son père. « Mama » représente le plaisir de se construire dans un univers intérieur à la peau, un ensemble de sensations intimes qui dépendent du sein, alors que « papa » « pipi » ou « popo » en séparent. « Maman » est donc un son qui symbolise la plénitude du dedans, alors que « papa », « baba » ou « daddy » représentent le plaisir de repousser, par ses babillements ou ses cris, les frontières de cette plénitude à l'extérieur de sa peau, dans une symbolique sonore. « Papa » est, ainsi, un son qui symbolise le plaisir que l'on prend à se projeter à l'extérieur de soi. Et ce plaisir, avant d'être, pour l'homme, celui de l'éjaculation, est, tout d'abord, et pour tout individu, celui que procure le fait de se mettre à parler. Si donc « maman » est le symbole sonore d'un plaisir féminin, et « papa », le symbole d'un plaisir masculin, « papa » est aussi et surtout le symbole de l'expression langagière. Ce qui explique que chez les êtres parlants que nous sommes, l'identification au père soit la porte d'entrée dans le langage.

L'inconscient et la conscience

Février 1997, samedi, 13 h.

Sirotant un jus de tomate et plongé dans le journal, j'essaie de savoir ce dont traite le dernier livre d'André Green [1], en en lisant une critique. Ce vieux représentant du conformisme psychanalytique semble s'y demander « si le sexuel est bien ce à partir de quoi "l'activité psychique se développe, s'organise, se différencie, se spécifie, fondant les relations entre la conscience et l'activité inconsciente" ». Et pourquoi en repose-t-il la question ?

Afin de « réintroduire la sexualité dans la psychanalyse ou, plus précisément, de favoriser "l'actualisation de la problématique du sexuel dans la psychanalyse contemporaine". Ceux qui suivent les choses psychanalytiques de loin, poursuit Robert Maggiori, le signataire de l'article, croiront rêver. Comment ça, "réintroduire" la sexualité ? Aurait-elle donc été exclue ? N'a-t-on pas toujours dit au contraire que Freud mettait le sexuel partout, au point de se voir accuser de "pan-sexualisme" [2] ? »

La virulence de ce journaliste m'amuse.

On a certes reproché à Freud de tout ramener à la sexualité. Il n'en est pas moins vrai que la matérialité de l'amour est un domaine qu'il semble avoir voulu laisser vierge. La théorie freudienne ne prétend, en effet, pas expliquer la sexualité de l'homme adulte. Elle se contente d'en renvoyer les questions au champ plus vaste des rapports de l'enfant aux parents qui l'accueillent. C'est pourquoi ceux qui, comme Otto Gross, Wilhelm Reich, Françoise Dolto ou moi-même [3], se sont penchés sur les mécanismes de l'orgasme n'ont guère trouvé

1. *Les Chaînes d'Eros. Actualité du sexuel*, Odile Jacob, 1997.

2. Robert Maggiori, « Le sexe sur le tapis », *Libération*, 6 février 1997.

3. Didier Dumas, « L'image inconsciente du corps dans la mobilité corporelle et sexuelle de l'esprit », dans *Françoise Dolto : c'est la parole qui fait vivre. Une théorie corporelle du langage*, *op. cit.*

audience auprès de leurs collègues. La théorie freudienne n'est ni une théorie de l'amour ni une théorie de l'orgasme. Elle ne peut l'être, car elle n'a pris en charge que la dimension la plus tardive de notre construction sexuelle.

Freud considère l'âge œdipien comme le lieu privilégié de cette construction, mais s'il donne ainsi place à l'enfant que l'on a été, au sein du processus amoureux, il oublie que cet enfant a tout d'abord été un bébé et auparavant un fœtus. Or, ce sont là deux étapes de la vie indispensables à la compréhension des mécanismes de l'amour charnel.

L'enfant que l'on porte en soi est à l'œuvre dans le style et les modalités par lesquels on tombe amoureux, mais dès que l'on se touche, dans la rencontre sexuelle et le corps à corps érotique, on retrouve un mode de communication qui a, auparavant, été celui du bébé. La sensualité de la peau et des orifices, la sensibilité aux odeurs et aux caresses sont, à l'origine, des qualités de bébé. Tout ce qui fonde la communication sensorielle se construit chez le nourrisson, et cela, tant dans sa dimension corporelle que mentale.

Conçu comme la capacité de se donner totalement à l'autre, l'amour est, à sa base, une qualité de bébé. Lorsqu'un beau matin, rencontrant l'être aimé, l'on a envie de tout lâcher, de s'engouffrer dans ses rêves et ses projets ou de le suivre au bout du monde, l'amour renoue avec la grâce de l'enfant naissant. Il retrouve la confiance absolue du nourrisson en sa mère, la faculté de se donner totalement à elle, en s'associant à sa vie et son destin. La compréhension des mécanismes sensoriels, mentaux, télépathiques et hypnotiques mis en jeu dans la communication charnelle implique donc le bébé que nous avons été. Mais elle implique aussi le fœtus, car c'est au cours de la grossesse que se construit l'une des premières caractéristiques de la sexualité humaine : la résonance de la bouche et de l'entrejambe.

En observant la vie fœtale à l'échographie, l'on perçoit comment se forment les circuits sensitifs, faisant que chez l'être humain le baiser puisse mobiliser son sexe. A trois mois un fœtus humain est entièrement formé. Il ne mesure encore guère plus de dix centimètres et, dans l'état d'apesanteur de la matrice, il ressemble à un petit cosmonaute. Il suce déjà son pouce, avale le liquide amniotique et urine. Si c'est un garçon, il le fait en bandant. Preuve qu'à ce stade la sexualité amorce sa construction.

Suspendu dans le liquide qui lui sert d'atmosphère et flottant comme un poisson, que vit et que ressent alors ce petit être ?

Il est certes difficile de se le représenter. Essayons tout de même. Le fœtus absorbe le liquide amniotique par la bouche et l'expulse par les voies urinaires. Dans cet état d'apesanteur, le jet d'urine a la puissance d'un petit réacteur. Les poumons ne sont pas encore fonctionnels. Or comme, une fois né, la bouche et les narines desservent les voies pulmonaires, si nous voulons nous représenter ce que ressent le fœtus, il faut nous imaginer capables de pisser de l'air. Ce qui évoque assez bien la puissance immatérielle des souffles de l'orgasme et permet de saisir comment se construit, dès nos plus tendres origines, la résonance sexuelle de la bouche et du sexe.

Refermant le journal, je me demande si ce genre de malentendu ne provient pas tout simplement du fait que le conscient, l'inconscient et les relations qu'ils entretiennent ne sont jamais clairement définis par les psychanalystes.

La vie affective, émotionnelle et érotique, échappe à l'emprise de la raison. C'est ce qui fait que l'homme aimé peut être fort différent du prince charmant qu'a projeté sur lui la jeune fille, et la déesse que voit l'amant en sa maîtresse, une redoutable aventurière. Nos structures mentales ont une tendance certaine à amplifier, en bien ou en mal, les qualités de ceux que l'on aime, à les voir soit comme des dieux, soit comme des démons responsables de tous nos malheurs. C'est ce qui a conduit Freud à postuler l'existence d'une vie mentale inconsciente s'opposant à la conscience et pouvant entrer en conflit avec elle.

A partir de là, on a eu tendance à considérer l'inconscient sur le modèle où, auparavant, l'on concevait le diable. On y a vu une « boîte à symptômes » qu'il s'agissait de fermement nettoyer de ses scories infantiles. Cela afin de soulager l'individu des inévitables illusions que recèlerait la psyché humaine. Ce point de vue a pour principal défaut de conduire celui qui l'adopte à considérer son inconscient comme son principal ennemi. C'est l'une des raisons pour lesquelles la neurologie et les sciences cognitives ont dû s'en donner une conception plus élargie. Dans ces disciplines, l'inconscient est ce qui gouverne la vie de nos organes. L'inconscient joue, certes, un rôle incontournable dans la vie sentimentale, affective et sexuelle. Il gouverne aussi toute la biologie du corps, et il ne faut pas oublier qu'il est, en premier, à notre service.

Lorsque, plongé dans vos idées, vous êtes en train de traverser la rue et qu'un chauffard vous fonce inopinément dessus, vous bondissez en arrière et ce n'est qu'alors que vous voyez le véhicule qui vous mettait en danger. En cas d'urgence, nos structures cérébrales se chargent de nous faire réagir « inconsciemment », c'est-à-dire sans perdre le temps qui consisterait à en avertir la conscience. Ce qui laisse entendre que l'activité cérébrale est à sa base inconsciente et n'émerge dans la conscience que secondairement. C'est ce qu'a mis en lumière, il y a déjà un peu plus d'une quinzaine d'années, un neurologue américain, Benjamin Libet, en démontrant que l'activité cérébrale ne devient consciente qu'à la condition qu'elle dure un certain temps, 500 millisecondes, ce qui, au niveau de l'activité neuronale, est un temps excessivement long.

L'existence est donc tout d'abord inconsciente. Elle l'est au niveau de l'activité cérébrale, mais elle l'est aussi d'une façon plus globale, puisque ni le fait de s'incarner, ni le développement fœtal, ni les premiers temps de la vie à l'air libre, ni la biologie du corps n'impliquent la conscience. Conçue comme une instance capable d'assurer l'autonomie de la personne, la conscience n'existe pas de toute éternité.

La conscience se construit dans l'enfance, dans le rapport aux parents et à travers l'intégration du *système de représentations* que constituent leur langue et leur culture. Dans sa forme fonctionnelle, la conscience est ainsi une instance tardive. Elle commence à se structurer avec l'acquisition du langage, aux alentours de la deuxième année. Elle se construit tout au long de l'enfance et, comme sa principale visée est de permettre à l'enfant d'assumer sa propre autonomie, elle ne prend sa pleine fonctionnalité qu'à l'adolescence.

Or, la construction sexuelle implique, comme nous venons de le voir, non seulement l'enfant et la période œdipienne, mais aussi le bébé et le fœtus, qui sont deux époques au cours desquelles se constitue et s'installe le registre sensitif et charnel des sensations que l'on retrouve dans la jouissance érotique. Elle implique donc deux moments de l'enfance qui correspondent à des structurations mentales radicalement différentes : une première, au cours de laquelle l'enfant ne parle pas encore, qui est antérieure à la constitution d'une conscience fonctionnelle, et une seconde, l'œdipe, qui correspond à l'âge où la conscience entreprend de se construire.

La dimension charnelle de la sexualité commence à se structurer dans le ventre maternel, par l'absorption et l'expulsion urinaire du liquide amniotique, pour se poursuivre au sein. Elle se construit à une époque où le registre des sensations prédomine et n'est pas encore différencié de celui des sentiments. Elle le fait donc, dans le rapport à la mère, et cela pour les enfants des deux sexes, alors que la dimension spirituelle de la sexualité se constitue plus tard, à l'âge œdipien.

L'œdipe implique donc obligatoirement une représentation du sexe du père et, à travers lui, de la sexualité des deux parents. C'est ce qui en fait un processus de construction typiquement humain. Se focalisant sur la vie érotique et sentimentale de ses parents, l'activité imaginaire de l'enfant permet alors au registre des sentiments qui installe la sexualité dans sa dimension langagière de se substituer, peu à peu, à celui des sensations qui gouvernait la relation du bébé à la mère. Et, comme cet âge est aussi celui où la conscience entreprend sa construction, le faisant, elle relègue automatiquement dans l'inconscient tout ce que l'enfant a vécu antérieurement à l'acquisition du langage. Elle refoule ainsi la construction charnelle de la sexualité dans le registre inconscient d'une façon beaucoup plus radicale que ne le sera, par la suite, la sexualité œdipienne. Ce qui explique qu'à l'âge adulte l'individu vit généralement ses sentiments comme une donnée de sa conscience, mais perçoit le registre des fantasmes et des sensations qui lui signalent ses désirs sexuels comme provenant d'un domaine qui échappe autant à sa volonté qu'à l'emprise de la raison.

La plupart des difficultés auxquelles se heurte la sexualité dans notre culture viennent de là. Chacun sait que les sentiments et la sexualité peuvent adopter des chemins qui divergent. Dans ce cas, il devient impossible d'associer la tendresse, l'affection et la parole à la crudité des désirs charnels. Or, cette impossibilité provient, à sa base, d'une absence totale de continuité entre le bébé et l'enfant qu'on a été, c'est-à-dire entre les deux périodes où se forme la sexualité. Elle découle de l'impossibilité de concilier en soi-même un bébé surchoyé par sa mère qui, cajolé et tripoté, a été, en permanence, surexcité par elle et un enfant qui, élevé en dehors de toute parole sur le sexe, n'a jamais pu concevoir ses parents comme des individus sexués.

V

LES BASES DE L'EXISTENCE SPIRITUELLE

Le langage est le placenta de l'esprit

« Mais vous ramenez tout au langage ! me dit la femme qui a pris rendez-vous avec moi et qui, exaspérée par mes réponses, voudrait m'entendre dire que la boulimie de sa fille a une cause organique.

– Le médecin qui vous a donné mon nom, ne vous a-t-il pas dit que j'étais un clinicien de l'âme ! Comment comprendre la boulimie de Sophie sans considérer que la bouche sert autant à parler qu'à manger ! Que vous parliez ou que vous mangiez, dans les deux cas, cet organe est gouverné par votre cerveau. Et si vous trouvez que je ramène tout au langage, demandez-vous s'il vous est possible de vous représenter votre esprit indépendamment des mots par lesquels il s'exprime ! »

Nos structures mentales se construisent dans une langue et, si notre appareil psychique était brusquement vidé de tous les mots qui forment nos pensées, nous ne pourrions même plus savoir qui nous sommes ni ce qu'est notre esprit. L'enfant se construit autant à partir de ce qu'il entend qu'à partir de ce qu'il mange. Sa construction implique de pouvoir s'identifier à deux personnes, car elle est tributaire de ce qu'il entend son père et sa mère se dire. Elle dépend autant du vocabulaire qu'ils emploient que des us et coutumes qui déterminent leur façon de penser, c'est-à-dire de la culture, des traditions, de la morale et des tabous qui lui sont attachés. La langue maternelle occupe, ainsi, dans la construction de l'esprit une place semblable à celle qu'a occupée le placenta dans la construction du corps.

A sa naissance, l'enfant se sépare de son placenta. Ses poumons se déplissent. L'air envahit sa cage thoracique. Il pousse son premier cri. Or ce cri est le premier coup de pioche de sa construction mentale. Le cri est la forme première du mot. En criant l'enfant prend possession du souffle. Il découvre sa faculté d'agir sur ce support matériel des mots et du langage qu'est l'air. A peine né, le voilà capable d'interpeller ses parents, de crier, de s'inscrire activement dans les bruits par lesquels ceux qui l'accueillent émettent et réceptionnent des informations.

Le passage d'un univers liquide, aquatique, à un univers gazeux, aérien, est un jaillissement dans le langage. Baignant dans l'air comme il a baigné dans les eaux amniotiques, l'enfant prend son premier bain de paroles et y barbote en criant. Il ne sait pas encore se déplacer dans le langage, mais il y est d'entrée de jeu immergé. Le stade fœtal l'a pourvu d'un corps. La sortie du ventre maternel et la découverte de ses parents l'installent dans un nom, un son particulier qui lui donne place dans le langage. Ce son qui le désigne et auquel on lui demande de s'identifier devient dès lors le nœud ombilical, le couloir ou la porte qui lui signalent la capacité des adultes à le prendre en charge.

Pour un bébé, le nom qui le désigne est à l'avant-scène de tous les échanges qui le relient à ses parents. C'est le « signal sonore » par lequel ses parents répondent à ses besoins. Le nom est ainsi l'ombilic qui enracine l'enfant dans ce placenta de l'esprit qu'est la langue maternelle. Il est l'ancrage de cette nouvelle existence, l'existence mentale, qui ne prend corps qu'avec l'arrivée à l'air libre.

La façon dont l'être naissant va alors, peu à peu, se construire un appareil psychique est conditionnée par les mots avec lesquels on pense à lui et on lui parle. Dès la première respiration, dès le premier cri, dès l'émergence dans l'air, dans la langue et les mots, l'existence spirituelle entreprend sa construction. La langue familiale est le ciment dans lequel elle va, peu à peu, trouver sa cohérence, et la construction mentale de l'enfant dépend, dès lors, autant des paroles avec lesquelles ses parents parlent de lui que des personnes avec lesquelles ils en parlent. Lorsque, par exemple, sa mère en parle à ses amis, à sa propre mère, à son pédiatre ou à son psychanalyste, cela n'a bien évidemment pas le même impact sur l'enfant que lorsqu'elle en parle à l'homme avec qui elle l'a fait.

Il est vital, dans la construction mentale de l'enfant, qu'il puisse référer son existence à un autre tuteurage que celui de sa mère, à quelqu'un qui soit responsable de sa présence et de son avenir, et le soit au même titre qu'elle. Dès que les parents n'arrivent plus à se parler, sa santé mentale en pâtit. Si alors, ils se séparent en ne voulant plus avoir affaire l'un à l'autre, et si celui qui a la charge de l'enfant ne lui dit plus un mot du père ou de la mère avec qui il l'a fait, s'il ne continue pas à faire vivre l'époque où il l'aimait, ou pire, s'il interdit d'en parler, cela équivaut à vider mentalement l'enfant de tout ce qu'il a lui-même vécu avant la séparation de ses parents, et celui-ci y réagit, obligatoirement, en produisant des symptômes qui signalent que son évolution mentale est en danger.

Et l'enfant découvre qu'il existait dans le langage avant d'exister dans un corps

Juillet 1997.

Antoine et Noémie nous ont invités à dîner et nous en sommes à l'apéritif. Les vacances approchent et, sous la pression d'un mois de juillet étouffant, Zazouchka et Antoine se racontent leurs voyages. A nos pieds, sur la moquette, leur fils, Samuel, un adorable bambin de 4 ans, joue avec ses Lego. Antoine est en train d'évoquer les souvenirs d'une croisière qu'ils ont faite cinq ans plus tôt aux Caraïbes, avec Noémie, lorsque Samuel, délaissant son jeu, lui demande :

« Et moi j'étais où Crabe-aride ?

Antoine rit :

– Tu n'étais pas encore là !

– Mais j'étais où ?

– T'étais pas né, t'étais pas là !

– Mais pas là où ? insiste Samuel, qui ne semble pas pouvoir se satisfaire de la réponse de son père.

– Pas là, pas là ! Tant qu'on n'est pas né, on est nulle part ! »

Samuel se tait, dépité, mais sa face défaite laisse percevoir le désarroi dans lequel le plonge cette réponse. « J'étais où, quand j'étais pas né ? » se demande-t-il, angoissé. Et comme cette question qu'il n'ose plus à nouveau formuler, le met au bord des larmes, Noémie vole à son secours :

« Mais si tu étais là ! Pas encore là dans ton corps, mais tu étais dans notre cœur. On voulait tous deux un enfant. On ne savait pas encore si tu serais un garçon ou une fille, mais on parlait déjà de toi, on t'attendait. »

Samuel retrouve son sourire. Savoir qu'il existait déjà aux Caraïbes dans le désir de ses parents a dissous toute angoisse. Et après avoir fêté cette émouvante découverte en se blottissant quelques instants sur les genoux de sa mère, il en redescend et retourne à ses Lego.

Lorsque l'enfant est confronté à l'époque où il n'existait pas, ou lorsque, comme Samuel, il découvre avec consternation que, pendant le voyage de noces de ses parents, il était « nulle part », c'est toujours un choc. L'idée d'avoir été nulle part provoque une incontournable angoisse, mais s'il découvre, alors, qu'il existait déjà dans leur désir, le voilà rassuré et dégagé de tout mal-être. Lorsqu'il comprend qu'à l'époque où il n'existait pas dans son corps il existait déjà dans le langage, cela s'accompagne d'une vive émotion, et cette découverte est de la plus haute importance.

Les enfants ont un pressant besoin de savoir comment leurs parents les ont attendus et désirés. Cela vient de ce que les mots, les pensées et les désirs avec lesquels ils les ont conçus déterminent beaucoup plus ce qu'ils sont et deviennent que l'acte sexuel qui leur a donné corps. C'est pourquoi découvrir que l'on a tout d'abord existé dans le désir et les paroles de ses parents se présente comme un événement bouleversant. Pour un petit enfant, comprendre qu'il existait dans leur désir, avant d'exister dans un corps, est une fabuleuse révélation. Car, découvrant qu'il a tout d'abord été fait de mots et de pensées, il prend conscience qu'exister dans le désir et le langage est le seul « vrai berceau » de l'existence corporelle.

Au niveau de son existence corporelle, l'enfant dépend de ses parents. Sa prématuration l'enchaîne à ce qu'ils vivent. Elle muselle ses désirs d'indépendance. S'il limitait donc la façon dont il se considère à la seule réalité de son corps, cela l'emprisonnerait obligatoirement à l'endroit où il se sent déjà, irrémédiablement, assujetti à eux. Et cette contrainte de ne pouvoir exister que par eux et pour eux, serait absolue, s'il ne découvrait que ses structures mentales lui offrent une autre mobilité. S'il ferme les yeux, il peut voyager dans le temps, se remémorer un événement agréable, une époque révolue, ou rêver à ce que sera demain. Par exemple, à ce qu'il ferait, adulte, s'il était confronté aux mêmes difficultés que celles qui perturbent la vie de ses parents.

La rêverie a pour fonction d'agrandir l'espace mental. Elle permet à l'enfant de se représenter le monde et la vie d'une façon qui transgresse et dépasse les limites que lui imposent tant sa petite taille que sa prématuration mentale. Lorsqu'il découvre qu'avant même d'exister dans un corps il existait déjà dans le désir et la parole de ses parents, c'est pour lui, une révélation tout aussi fabuleuse et grandiose que celle engendrée par son premier mot. C'est une découverte qui élargit obligatoirement son horizon imaginaire. Elle l'engage à se représenter une époque, un temps, des lieux et des espaces pour lesquels il ne trouve aucune référence dans sa propre mémoire. Elle l'oblige donc à développer ses facultés imaginatives. Et c'est pourquoi, comme on le constate dans toute cure d'enfant, le fait de pouvoir se vivre, comme le produit d'échanges langagiers et mentaux, relance automatiquement le développement mental de l'enfant.

L'amour pour la mère et l'amour pour le père

Lorsque Corinne a pris rendez-vous avec moi, elle ne semblait pas savoir si elle m'appelait pour elle-même ou pour Clémence, son second enfant. Elle a néanmoins décidé de venir seule. Après un temps d'hésitation, elle en vient à ce qui l'amène. Clémence qui vient d'avoir 5 ans, la met dans des états de colère qu'elle n'arrive plus à maîtriser :

« Cette enfant a le don de me mettre hors de moi ! Elle fait tout à l'envers. J'ai beau lui expliquer, ça ne sert à rien ! Ça me met dans des états où je me fais peur moi-même ! Folle ! Elle me rend folle !... J'ai un tempérament fougueux, je le sais. Je ne suis pas du genre à me laisser piétiner les orteils en tendant l'autre joue, mais je n'ai jamais rencontré de tels problèmes avec son frère. Je me suis dit qu'il fallait faire quelque chose. J'en ai parlé à Muriel. Elle m'a donné votre adresse.

– Qu'en dit votre époux ? Comment vit-il cela ?

– S'il essaie de s'en mêler, c'est encore pire. C'est lui qui prend tout, et comme avec Paulo, nous sommes tous deux d'un tempérament, disons, bouillant, je vous dis pas, bonjour les dégâts ! Non, c'est avec lui que j'ai décidé de venir vous voir. Lui, il n'en peut plus.

– Vous voulez dire que le fait de vous taper dessus ne vous empêche pas de vous aimer.

Elle rit :

– C'est un peu ça.

– Vous venez de me dire que lorsque Clémence vous met dans cet état, vous avez peur de vous...

Corinne ne rit plus du tout :

– Vous ne vous rendez pas compte ! Dans ces moments je serais capable de la tuer ! Plus rien ne m'arrête !

– Et pourquoi ça vous arrive avec elle, et pas avec son frère ?

– Je n'en ai pas la moindre idée.

– Et vous, comment cela se passait, avec votre mère ?

– Je veux bien qu'on aille fouiller les caves, mais ça risque de pas sentir très bon. Je ne lui ai plus dit un mot depuis trois ans. Nous sommes trois filles et aucune des trois ne la supporte plus d'une demi-minute. Il y a que mon frère. Il est bien obligé. Il vit avec elle. Il a été malade quand il était petit. Il est handicapé.

– Physiquement ou mentalement ?

– Les médecins ont dit qu'il était schizophrène, mais ma mère ne veut pas en entendre parler. C'est le seul qui la supporte. L'une de mes sœurs est aussi passée par la psychiatrie. Heureusement, elle en est sortie. Et l'autre a préféré devancer l'appel. Elles sont toutes deux en psychanalyse. Tout ça pour vous dire que, si je suis ici, y a pas besoin de rechercher l'erreur !

– Et votre père ?

– Il passait son temps dans sa chambre. Dès qu'elle l'asticotait, il y disparaissait en s'enfermant à double tour, et comme avec elle, c'était permanent, il y passait sa vie. A vivre ainsi comme un reclus, il a fini par en mourir.

– Lorsque vous aviez l'âge de Clémence, ils vous battaient ?

– Ma mère n'arrêtait pas..., mais s'il n'y avait que ça !

– Et lui ?

– Non, plutôt du genre mouton !

– Mouton ?

– Bon, s'il faut tout déballer, je le ferai, mais en ce moment, rien qu'à l'idée de penser à eux, ça me donne la nausée. J'aimerais bien qu'on remette ça à une autre fois, et puis, je me demande s'il ne faudrait pas plutôt que vous voyiez Clémence.

– Je n'oublie pas que vous consultez pour Clémence, et non pour votre mère, mais il va bien falloir qu'on considère ensemble ce qui se répète d'une génération à l'autre. Ce n'est pas votre père qui vous battait. C'est votre mère. Et ce n'est pas avec votre fils, mais avec votre fille, que vous devenez folle. Si ni vous ni vos sœurs ne supportez à ce point votre mère, cela veut dire que ce dont vous souffrez toutes trois a la même origine. Et si vous voulez vous donner les moyens de comprendre ce qui se répète avec Clémence, il faut commencer par explorer les transmissions féminines dans votre famille maternelle. Je recevrai Clémence si elle le souhaite et si son père et vous le jugez nécessaire, mais si vous décidez de prendre vous-même ce travail en charge, ce ne sera pas forcément nécessaire. L'important est que vous soyez capable de lui parler, de dire à Clémence que vous souffrez de ce qui se passe avec elle, de lui expliquer que c'est pour cela que vous avez pris rendez-vous avec moi, et cela sans lui cacher ce que vous m'avez dit aujourd'hui, que vous avez eu une mère épouvantable. Je vous conseille donc d'agir ainsi avec elle, et nous verrons ensemble comment les choses vont évoluer. Vous pouvez aussi commencer à faire votre arbre généalogique.

– C'est-à-dire ?

– Rassembler tous les noms, toutes les dates, de naissance, de décès et de mariage, de tous les membres de votre famille jusqu'à vos arrière-grands-parents. Et pour vous familiariser avec l'importance des transmissions généalogiques dans la vie mentale, je vous conseille deux livres, le mien [1], et celui d'Anne-Ancelin Schützenberger, *Aïe, mes aïeux !* [2]. Il est plus récent. »

Après en avoir reparlé avec Paulo, Corinne suit mes conseils. Elle décide d'entreprendre elle-même un travail, en expliquant clairement à sa fille pourquoi elle le fait.

Dans les séances suivantes, sa généalogie maternelle se dévoile semblable à celle de tous les enfants psychotiques que ma profession m'a fait côtoyer. Dans les générations qui la précèdent, tous les hommes disparaissent prématurément. Ils meurent de maladies bizarres ou se suicident, à l'exception de son grand-père maternel qui déclara un matin à sa femme qu'il allait acheter le journal, pour disparaître sans plus jamais donner de ses nouvelles. L'étrange et catastrophique destin des hommes de sa famille éclaire brusquement, aux yeux de Corinne, le triste état où s'est enfermé son frère. Elle commence à saisir à quel point la féminité est inexistante dans

1. *L'Ange et le Fantôme*, Minuit, 1985.
2. Desclée de Brouwer/La Méridienne, Paris, 1993.

son héritage maternel. Ses relations avec Clémence se détendent. Quelques mois plus tard, émerveillée par la façon dont elle découvre avec moi le sens de ses rêves, elle commence à prendre très à cœur ce travail et, un matin, elle arrive en me disant :

« Il y a quelque chose à quoi j'ai repensé et dont je ne vous ai jamais parlé. Ni à vous ni à personne. Comme vous savez, Clémence est née sous césarienne. Il ne s'est rien passé d'anormal, j'étais endormie. On attendait une fille. On l'avait vu à l'échographie, et comme on avait déjà un garçon, on était très contents, mais la première fois où je l'ai vue, au réveil, elle m'a fait peur. Je n'ai même pas osé en parler à Paulo. J'ai mis ça sur le compte de l'anesthésie. Je me réveillais, j'étais plutôt brumeuse. J'ai ouvert les yeux. Elle était dans les bras de Paulo qui parlait à l'infirmière. Elle avait l'air de me regarder méchamment et j'ai eu brusquement la certitude que cette enfant allait me détester. Maintenant ça me paraît fou, mais à ce moment-là, c'était une certitude absolue. C'est ça qui m'a fait peur. J'ai continué à faire semblant de dormir en essayant de ne plus y penser et, comme ça ne s'est jamais reproduit, j'ai fini par l'oublier. C'est revenu ce matin, et en y pensant, je me suis dit que c'était peut-être ça, la cause de tout. Un bébé peut-il se mettre à ne pas aimer sa mère dès sa naissance, ça vous paraît possible, à vous ?

– Non..., j'ai rencontré des enfants qui n'avaient jamais pu regarder leur mère dans les yeux, des autistes. Mais on ne peut pas dire que ces enfants n'aiment pas leur mère. Bien au contraire. Tout se passe comme s'il leur était interdit d'aimer toute autre personne qu'elle. Ils l'aiment à ce point totalement qu'ils régressent, en se comportant comme des fœtus. Non, si un bébé n'aimait pas sa mère, il mourrait aussitôt. Comme il le fait par exemple dans la mort subite du nourrisson, sans aucune cause apparente. Je ne sais si les bébés qui meurent de cette façon inexplicable aiment ou non leur mère, mais c'est le seul cas de figure où il est possible d'imaginer qu'un bébé n'aime pas sa mère. L'amour est encore beaucoup plus puissamment à cet âge ce qu'il est à l'âge adulte : l'énergie du futur. Et pour un bébé, aimer sa mère équivaut à vivre et à grandir.

– Donc, ça vous paraît absolument impossible ?

– Dites-moi plutôt s'il s'est passé autre chose à sa naissance ou plus tard ? D'autres phénomènes semblables à celui-ci ?

– Non... Si une fois, mais là, j'en ai parlé à Paulo, et ça n'avait rien d'aussi effrayant. Je vais pour la sortir du berceau, et je vois son visage gigantesque, un mètre ou plus. Comme une image, un flash. C'était même assez beau et ça m'a pas vraiment fait peur. C'était très court.

– Court, comme un message ?

– Peut-être.

– Je vous demande cela, car c'est une image produite par votre cerveau qui peut permettre de comprendre ce que vous avez vécu, ou revécu, au sortir de l'anesthésie. Il me semble que, dans ce flash, vous l'avez vue avec les yeux que vous aviez vous lorsque vous étiez bébé. Vous l'avez vue telle que vous perceviez votre mère à cet âge. Lorsqu'on retrouve un objet de sa toute petite enfance, on a l'impression qu'il a rétréci. Dans l'enfance, tout est beaucoup plus grand. Les adultes sont des géants et il est tout à fait possible que, pour un bébé, la tête de sa mère puisse avoir cette taille. Cela me paraît en tout cas confirmer que ce qui s'est passé au sortir de l'anesthésie ne concerne pas tant Clémence que les questions que vous a posées, à vous-même, votre mère. Lorsque vous me demandez s'il est possible qu'un bébé puisse ne pas aimer sa mère, j'ai l'impression que votre question la concerne, elle. C'est vous qui vous demandez si vous auriez pu la détester dès votre naissance. Or je crois que la réponse est non. Si vous êtes là, c'est bien parce que vous l'avez aimée, et c'est ça qui est, pour vous, le plus difficile à digérer. Comment avez-vous pu aimer cette femme méchante et perverse qui, aux yeux de ses trois filles, n'aime les enfants que pour en faire des marionnettes ? Vous l'avez aimée. Vous ne pouviez faire autrement. Les enfants ont besoin d'une mère et ils sont les premiers à savoir qu'une maman, on en a qu'une.

Comme pour me confirmer qu'elle a, comme tout enfant,

profondément aimé sa mère, Corinne fond en larmes, en ajoutant, entre deux sanglots :

– Mais comment ai-je pu aimer cette femme..., et qu'est-ce donc que l'amour ! »

Respectant sa douleur, je l'écoute pleurer.

L'amour est une énergie indispensable à la vie mentale : celle avec laquelle l'être humain crée son propre devenir. Or, s'il en est ainsi à l'âge adulte, il en est de même pour le nourrisson. L'amour que le bébé porte à sa mère est une énergie sans laquelle il ne peut vivre et grandir. Nous sommes des êtres de communication et les échanges affectifs que nous entretenons avec nos semblables nous sont aussi vitaux que l'air que nous respirons ou la nourriture avec laquelle nous renouvelons la matière dont nous sommes faits. A sa naissance, le bébé aime donc inconditionnellement sa mère, mais c'est aussi sa première fragilité. S'il ne peut aimer que sa mère, il se retrouve obligatoirement en danger d'involution. Sa construction affective implique de pouvoir aimer deux personnes, un père et une mère, avec lesquels il établit deux formes d'amour, assez différentes l'une de l'autre, mais tout aussi vitales. Car, s'il ne peut en aimer qu'une seule il lui devient impossible de désirer autre chose que de rester son bébé.

L'amour se constitue, tout d'abord, avec celle qui allaite et materne. Mais, comme il se constitue au sein, il se construit en premier sous sa forme charnelle. Ce que Freud et, à sa suite, toute la psychanalyse freudienne n'ont, comme nous avons commencé à le voir, ni clairement saisi ni clairement expliqué. Le statut de la *sexualité infantile* n'est, en effet, jamais très clair dans les propos et les écrits des psychanalystes. La théorie de l'œdipe ne dissociant pas l'âge œdipien de la période qui le précède, ils ont eu tendance à assimiler la vie érotique du nourrisson et celle de l'enfant. Ce qui a engendré dans les instituts de formation un mode de pensée qui confond souvent, d'une façon obligatoire ou systématique, la *sexualité charnelle du bébé* et *la sexualité imaginaire de l'enfant* qui, elle, est platonique.

Il n'est donc pas inutile, ici, de préciser que la sexualité œdipienne n'est pas une sexualité charnelle, mais une sexualité imaginaire, et, en cela, mentale. D'ailleurs, si la sexualité œdipienne ne réclamait pas de rester platonique, l'inceste et la séduction sexuelle de l'enfant ne seraient pas traumatiques.

Reconsidérons comment se construisent les structures sensitives et charnelles de l'érotisme adulte dans la période qui précède l'œdipe. Nous avons vu qu'elles le font dans la relation corporelle à la mère et que les enfants des deux sexes sont, sur ce point, logés à la même enseigne. En situation de maternage, lorsqu'il est au sein ou prend le biberon, le bébé noue avec sa mère une relation de corps à corps qui, en dehors du fait qu'elle est centrée sur son transit intestinal, a toutes les caractéristiques de la relation érotique. Il devient un tube digestif, un « cylindre péristaltique » qui la prolonge ou la parasite, et il perçoit mentalement cela comme un état d'indifférenciation des espaces corporels, structurellement semblable à celui de la jouissance sexuelle. Est-il alors le sein qui entre en contact avec ses lèvres, les bras et les mains qui le portent, les yeux qui le regardent, la voix qui lui parle, les mots qui le désignent ? Ou, au contraire, ce qu'il ressent dans l'espace de son corps, comme du plaisir ou du déplaisir, est-il la propriété de celle qui le nourrit et veille ainsi sur lui ?

Le problème que pose donc l'amour de l'enfant pour sa mère est qu'il se met en place dans une relation de dépendance totale. Il se constitue à un âge où les cloisons mentales ne sont pas encore fermement établies et où l'enfant est, de ce fait, incapable de se considérer comme un individu séparé d'elle.

Cet âge est celui que Françoise Dolto a appelé la *dyade mère-enfant*. Il est caractérisé par une *organisation mentale communautaire*, dans laquelle la prématuration de l'enfant le contraint à former, mentalement, une seule et même entité avec sa mère, celle-ci lui servant alors de « moi auxiliaire », de bras droit ou de béquille.

Cette relation de dépendance duelle, qui précède l'œdipe,

joue un rôle de premier plan dans la constitution de l'appareillage émotionnel, sensitif et charnel de la sexualité. Dans la relation de maternage, le nourrisson ressent des affects, des sensations, des plaisirs et des désagréments qu'il éprouve pour la première fois. Ceux-ci, en se répétant chaque jour, comme des moments culminants du plaisir relationnel, construisent les circuits mémoriels des perceptions sensitives qui seront, beaucoup plus tard, celles de l'amour charnel. Les sensations de fusion et de plénitude qui dépendent de la pénétration du sein ou des câlins que dispense la mère installent ainsi les bases du rapport sensitif à l'autre, tel qu'il resurgira dans l'érotisme adulte, et cela pour les enfants des deux sexes.

C'est par exemple ce que dévoilent les fantasmes d'être fouetté, attaché ou humilié, qui proviennent, assez souvent, de la façon dont l'enfant a transformé en plaisir les petites et, vu sa taille, « très gentilles fessées » avec lesquelles sa mère l'a, très tôt, réprimandé. L'érotique sadomasochiste qu'ils engendrent est alors profondément marquée par cette première relation corporelle, absolue et totale, du tout-petit à sa mère. Les fantasmes sur lesquels elle repose sont des fantasmes préœdipiens. Ils proviennent de l'âge où se structurent les circuits sensitifs et charnels de la sexualité, et ils prennent forme dans le fait qu'à l'époque de la *dyade mère-enfant* la mère a été, tout à la fois, son seul vrai maître et son seul vrai esclave.

Pour le petit enfant, la mère est un corps annexe et à disposition, un « moi auxiliaire » qui lui tient lieu de prothèse ou de complément. Elle est son présent, son bien-être, sa santé. Mais, de ce fait, elle est aussi le rappel permanent de son immaturité, la preuve incontournable de sa fragilité et de sa dépendance. A lui seul, cet amour ne peut donc constituer un modèle viable et, très vite, l'enfant a besoin de pouvoir reconsidérer l'amour qu'il porte à sa mère, à travers les yeux, les regards et les désirs d'un homme.

Qu'il soit fille ou garçon, s'il ne peut, en grandissant, soutenir l'idéalisation de sa mère à travers les yeux et les désirs d'un autre, l'amour que lui porte l'enfant se transforme, peu à peu, en prison. Une prison qui sera grise ou dorée, mais qui, à l'âge adulte, prendra obligatoirement la forme d'une de ces « prisons personnelles » que l'on appelle les névroses, les psychoses ou les perversions. C'est donc à ce niveau fondamental de l'existence humaine que l'amour pour le père rééquilibre, contrebalance et agrandit celui que l'enfant porte à sa mère. Il le protège de ce risque d'enfermement duel qui est l'origine de tous les troubles mentaux, et le fait, en lui permettant de se forger une nouvelle conception de l'amour dont il est le modèle.

L'amour pour le père se constitue plus tardivement que celui pour la mère, mais il est surtout d'une tout autre nature. Il ne se noue pas dans une relation de corps à corps pouvant rester hors langage. Il repose, au contraire, obligatoirement, sur une relation de paroles. Du seul fait qu'il ne se constitue pas au sein, il implique l'enfant comme un sujet à part entière. Il lui permet ainsi de faire muter la conception de l'amour qu'il s'est forgé avec sa mère, dans le registre, plus spécifiquement humain, des mots et du langage.

Vue de l'extérieur, notre façon de nous accoupler n'est pas très différente de celle des autres mammifères. L'amour charnel ne prend donc pour nous valeur humaine que s'il peut s'investir dans la parole et les sentiments. Il en est ainsi à l'âge adulte. Il en va de même dans l'enfance. Lorsque sevré et grandissant, l'enfant repense à l'époque où il était au sein, il ne trouve guère de différence entre lui et le petit chat. Les relations charnelles qu'il a connues avec sa mère ne lui permettent pas de valoriser ce qui le fait humain. Pour pouvoir émerger de cette relation de jumelage qui est celle de la *dyade mère-enfant* et acquérir la conscience de son identité humaine, il lui faut se donner une conception de l'amour impliquant l'homme et la sexualité adulte. Et cette découverte étant celle qui permet le passage du bébé à l'enfant, il est donc indispensable à sa construction qu'il puisse se représenter la sexualité de ses parents.

Dès qu'il est en mesure de poser des questions, aux alentours de la deuxième année, l'enfant entreprend ce que Freud a appelé l'œdipe. Découvrant la sexualité de ses parents, il s'identifie à celui de son sexe, ce qui le conduit à rejeter la sexualité infantile qu'il a connue avec sa mère. Il se met à dévaloriser les câlins et les bisous qui ne le renvoient qu'à son passé et à sa sexualité de bébé. Et idéalisant la sexualité du parent de son sexe, il se donne un modèle qui lui permet de comprendre de quelle façon il pourra, lui-même, plus tard, procréer. Cela l'oblige à reconnaître sa propre immaturité sexuelle, et se sachant immature, il développe alors, avec ses deux parents, une nouvelle forme d'amour qui, platonique, ne s'exprime plus que dans l'ordre des sentiments. C'est ainsi que l'œdipe lui permet de se construire une image de son sexe, autant que de se défaire de sa peau de bébé.

L'âge œdipien est donc tout d'abord un âge qui se démarque de la *dyade mère-enfant* par la place qu'y occupe l'amour du père. C'est l'époque où aussi bien les filles que les garçons se jettent à la figure des : « Mon papa, il est le plus fort ! » « Mon papa, il est gendarme ! » « Mon papa il est boxeur ! » Or, si les enfants des deux sexes fêtent ainsi l'amour du père, cela vient de ce que cet amour est l'agent qui détermine le passage du bébé à l'enfant.

Ce saut évolutif, dont l'amour pour le père est le tremplin, se signale comme un passage du « Moi » au « Je ». Au « Moi aime maman » de la dyade, se substitue un : « Je aime l'autre » ou « Je aime papa ». Et ce « Je », qui assoit l'enfant dans un statut de sujet, devient le garant d'une élévation mentale qui permet au registre des sensations, prédominant chez le bébé, d'engendrer celui des sentiments. Avec son père, l'enfant retrouve des émois, des plaisirs, des affects et des désagréments qui ont été constitutifs de la relation à la mère, mais les retrouvant dans une relation de parole, et non dans le corps à corps obligé de la dyade, l'amour qui se constitue avec lui a pour seule vraie différence d'être platonique, et c'est cette différence qui fait de la relation au père le premier outil permettant de devenir autonome.

Le Verbe est, de ce fait, la première étoffe de l'amour paternel. Mais, si aux yeux de l'enfant, l'amour pour le père se différencie de celui pour la mère par sa platonicité, cet amour constitue aussi le premier modèle de l'adoration mentale. C'est sous cette forme qu'il se retrouve au cœur des pratiques religieuses, et ce sont les vides, les déceptions et les manques de l'amour paternel qui engendrent la dévotion que l'on porte à son gourou, son chef d'Etat, ou son psychanalyste.

L'amour du père est à l'œuvre dans toutes les formes de dévotion platonique. Il est présent dans le besoin de se consacrer à des chefs, des maîtres ou des dieux. Autant de figures qui, à l'âge adulte, se substituent au père de la petite enfance, et à travers lesquelles on vise, consciemment ou inconsciemment, à réparer, à poursuivre, ou prolonger, les effets qu'a eus l'amour du père dans la sienne propre. En présentant l'amour du père comme le seul modèle de l'amour susceptible de ne pas irrémédiablement détériorer l'être, les religions monothéistes l'ont, depuis longtemps, compris. Freud y a ajouté que cet amour est le moteur d'une élévation spirituelle et mentale qu'il a appelé l'œdipe et dont dépend tout le reste de la vie.

Quelques mois plus tard, Corinne aborda cette question d'un ton naïf, mais sans démordre de son franc parler. Elle me demanda :

« Mais pourquoi donc, vous les hommes, voyez-vous Dieu avec une barbe, plutôt qu'avec des bas ou des porte-jarretelles ?

La question visait à me faire rire. Elle n'y manqua pas.

– Est-ce en pensant à votre papa, enfermé dans sa chambre avec son crucifix, que vous me posez cette question ?

A son tour, elle rit :

– Papa, c'était pas le genre à demander à bobonne de soigner ses dessous ! Je vois d'ici la tête qu'elle aurait faite ! J'ai toujours secrètement aimé mon père, mais faut avouer que, face à elle, il ne faisait pas le poids. Je l'idolâtrais en cachette, mais c'était plus contre elle que pour lui. Lui, c'était quand même difficile de le prendre pour un dieu !

Corinne se tait un instant, et pensant à Clémence qui est à

l'âge où elle-même n'arrivait pas à prendre son papa pour un dieu, elle ajoute :

– En tout cas, s'il y en a une qui semble ne pas avoir peur de vous prendre pour un dieu, c'est bien Clémence. L'autre jour, elle se remet, pour je ne sais pas quelle raison, à tout refaire à l'envers. Je me dis : "Bon, on se calme !" Je lui explique une fois. Deux fois. Trois fois. Et la quatrième, évidemment, j'explose. Savez-vous alors ce qu'elle m'a dit : "Maman, tu crois pas que tu devrais appeler monsieur Dumas !" »

Pour toute réponse, j'éclate de rire.

L'esprit, l'image, la chair et les enveloppes mentales

Seul dans mon bureau à attendre un client qui n'est pas venu, je rêvasse à la façon dont, peu à peu, s'écrit ce livre lorsque retentit le coup de sonnette de Marie.

Aujourd'hui, Marie est d'humeur joyeuse. Elle parle de tout et de rien, des enfants, de Jean-Jacques, de son travail. Et comme je n'ai rien à ajouter à ce qu'elle dit, m'assoupissant dans le fauteuil, je me détends et, bercé par ses rires, je n'ai pas vu le temps passer, lorsque arrive celui de nous séparer.

« Mais pourquoi tous ces livres sur votre bureau ? me demande-t-elle, en considérant la pile fraîchement arrivée de chez mon libraire et en me réglant sa séance. Vous avez terminé votre livre sur le père ?

– Terminé ? Malheureusement, non !

– Et vous y rajoutez de la science,... du cerveau ! ajoute-t-elle en riant et en pointant du doigt un livre de neurologie.

Elle me fait rire :

– On ne peut rien vous cacher. Vous me connaissez, les pères et les cerveaux ont pour moi un point commun : ils sont tous deux garants de l'identité mentale de l'enfant !

– Et vous trouvez qu'à ce niveau les cerveaux sont plus efficaces que les pères ! Riant de plus belle : ah ! Si mon cerveau pouvait me dire qui je suis ! Depuis combien d'années sommes-nous sur cette question ! Croyez-vous que j'arriverai un jour à savoir qui je suis ! »

Et la porte refermée, je me dis : Tout le monde ne pourrait-il en dire autant !

Non seulement l'être humain ne sait pas forcément qui il est, ni ce qu'il fait là, mais s'il s'en pose la question, il découvre que tout, en lui, lui est caché. Il ne peut, pas plus, voir l'intérieur de son corps qu'il ne peut percevoir les mécanismes d'où surgissent ses pensées. Nous ne voyons du corps que sa peau, que sa surface. Il en est de même des structures mentales qui, invisibles, ne se perçoivent que lorsqu'elles s'expriment. Qu'il s'agisse de notre esprit ou de celui du voisin, nous n'en percevons que la dimension la plus externe, sa surface ou sa « peau », c'est-à-dire le *système de représentations*, les mots ou les fantasmes, à travers lesquels il s'exprime.

Les mots et les images mentales sont de plus impalpables. Ils n'ont ni poids ni matière. La réalité sur laquelle ils reposent n'est pas moléculaire, mais vibratoire. Le corps est constitué d'atomes. L'esprit, lui, se déploie dans une dimension de la réalité physique qui est celle des ondes ou des vibrations. Les mots sont des ondes sonores. Les images que captent nos yeux sont des ondes lumineuses. Et les sensations qui nous informent sur la vie de notre corps, sont aussi des ondes ou des vibrations, ce qui revient au même.

L'enveloppe du corps, la peau, est constituée de trois feuillets, l'hypoderme, le derme et l'épiderme. L'épiderme gère les rapports à l'externe, l'hypoderme les rapports à l'interne, et le derme est une zone d'échanges intermédiaire entre l'externe et l'interne. Comme toute frontière, la peau est constituée de trois feuillets ou trois zones. Si nous passons la frontière de notre pays, nous rencontrons tout d'abord la douane française, nous traversons ensuite un *no man's land* et nous rencontrons la douane du pays où nous allons. Il en va de même des frontières de l'esprit qui, bien qu'immatérielles, n'échappent pas à cette règle. Nos *enveloppes mentales* sont constituées de trois « feuillets » : les représentations sonores, visuelles et kinesthésiques.

La première enveloppe mentale qui se structure en naissant est celle des sensations. Nous savons que, si le bébé manque de caresses, il peut en mourir. La *peau de sensations* est une enveloppe vitale. Elle correspond à la couche la plus interne de notre appareil à sentir, à penser et à communiquer.

Les sensations gouvernent le rapport à l'interne. Elles nous renseignent sur la dimension la plus intime de nous-même. D'où le fait qu'elles occupent une place prépondérante dans la sexualité. A l'inverse, notre *enveloppe psychique* la plus extérieure est le langage qui régit nos rapports aux autres et dont dépend la dimension sociale et collective de notre existence. Entre les deux, se situe la troisième des grandes catégories de représentations à l'œuvre dans un cerveau humain, les images mentales qui établissent des liens entre l'univers des sensations et celui de la parole. C'est par exemple ce que font les fantasmes sexuels, qui établissent un lien entre le registre plus ou moins conscient des sensations érotiques, et celui de la parole où l'on rencontre l'autre.

La construction de notre système de représentations implique donc que les représentations sensitives dominantes chez le bébé puissent progressivement s'associer et se connecter au langage. Ce qu'elles font par l'intermédiaire des images.

A sa naissance, le bébé ne différencie pas encore son propre corps de celui de sa mère. Il est dans une situation de dyade, un état mental communautaire qui ne lui permet pas de distinguer clairement ce qu'il est de celle dont il dépend. A cet âge, les yeux jouent un rôle de premier plan dans la construction mentale de l'enfant. En œuvrant à la connexion des sensations et des images, ils lui permettent de se percevoir peu à peu comme un individu séparé de sa mère. Ils ne commencent toutefois à être vraiment capables de le faire qu'au bout de six semaines [1]. Ce qui fait qu'aux premiers temps de la vie,

1. Voir à ce sujet Didier Dumas, « Représentation d'image, représentation de corps et théâtre de l'être », *Hantise et Clinique de l'Autre*, ch. VIII, Aubier, Paris, 1989.

au moment où les yeux s'acclimatent, les paroles de la mère apparaissent au bébé sur un mode semblable à celui des sensations kinesthésiques qui accompagnent la tétée. Il les perçoit comme un réseau de bruits formant un « espace vibratoire commun » qui les englobe tous deux. Ne discernant pas encore le sens des mots, il les apréhende sur un mode plus proche de ce qu'ils sont dans la réalité physique.

Si, m'adressant à vous, je prononce le mot « arbre », une image apparaît spontanément dans votre esprit. Votre cerveau associe, alors, la vibration sonore qu'a produite ma bouche, à l'image que vous vous faites d'un arbre. Or, s'il peut le faire, c'est parce que le bruit de ma voix est un espace sonore, un champ vibratoire qui, reliant momentanément ma bouche à votre oreille, devient commun, et permet à nos deux cerveaux de se rencontrer sur « l'espace frontalier » que sont alors les vibrations du mot « arbre ». Pour nos structures mentales, les mots sont des symboles qui représentent ce dont on parle. Dans la réalité physique, ce sont des vibrations sonores qui relient les bouches aux oreilles, et c'est ainsi que les perçoit tout d'abord le nourrisson.

Ce que nous voyons est aussi le produit d'une réalité vibratoire, celle des ondes ou des fréquences lumineuses qui relient nos yeux aux objets regardés. Or, comme dans l'univers des ondes et des vibrations, rien n'est jamais vraiment séparé, sans la mise à distance qu'opère la vue, nous aurions probablement le plus grand mal à nous vivre comme séparés les uns des autres. A lui seul, en tout cas, le registre des sensations ne le permet pas. Il se constitue antérieurement à la vue, dès le stade fœtal, à une époque où l'individu est encore indissociable de sa matrice. C'est donc un registre perceptif qui se constitue beaucoup plus, comme une « mémoire de l'union », que comme une « mémoire de la séparation ». Ce que sont, par contre, les images, et cela du seul fait que l'ouverture des yeux coïncide avec la séparation du corps de la mère.

La *peau de sensations* se constitue dès l'époque fœtale. Celle des images qui dépend de la vue n'entreprend de se construire qu'après la naissance. Et la construction de ce second registre perceptif précède de quelque temps celui des mots. Car, avant de pouvoir intégrer le langage, l'enfant doit tout abord créer et mémoriser le stock d'images qui lui permet de se considérer comme un individu séparé des autres. La construction de notre système de représentations part ainsi des sensations pour aboutir aux mots. Ce qui signifie que l'activité mentale des êtres humains s'enracine tout d'abord dans l'activité musculaire et les sensations avant de s'associer aux images pour, dans un second temps, s'épanouir dans les mots. En d'autres termes, cela veut dire que, bien que nous n'en soyons la plupart du temps pas conscients, la pensée s'investit en premier lieu dans les muscles.

C'est, en pathologie, ce que démontre l'hystérie. Mais c'est aussi, chose plus surprenante, ce qu'a expliqué Albert Einstein à propos des mécanismes mentaux qui lui ont permis de produire la théorie avec laquelle il a radicalement modifié l'image que nous avions de l'univers :

« Les mots ou le langage, sous la forme orale ou écrite, écrit-il, ne semblent jouer aucun rôle dans les mécanismes de mes pensées. Les entités psychologiques, qui semblent servir d'éléments dans ce cadre, ont la forme de certains signes et d'images plus ou moins claires, qui peuvent être "volontairement" reproduits et combinés. » Ces éléments « sont, en ce qui me concerne, de nature visuelle et musculaire. Ce n'est que dans un second temps, après que le jeu d'associations mentionné ci-dessus est suffisamment bien établi et peut être reproduit à volonté, que prend place la recherche laborieuse des mots et autres signes conventionnels [1]. »

L'activité mentale s'investit en premier lieu dans les muscles. En fait, tout homme peut constater la même chose qu'Einstein. Mais le plus souvent nous ne le percevons pas, soit par manque d'attention, soit parce que nous vivons dans un monde où il est tacitement admis que les idées sortent du cerveau et que déclarer qu'elles sortent des muscles risquerait

1. Albert Einstein cité par Antonio Damasio, *L'Erreur de Descartes*, Odile Jacob, 1995.

de nous faire passer pour fous. C'est néanmoins là où l'on voit que notre culture a, tout à fait arbitrairement, séparé le corps de l'esprit. Elle a assujetti l'esprit à la grâce divine, à l'Esprit saint, en abandonnant tout le registre de la vie du corps à Satan. Or, avec de telles lunettes, il devient particulièrement difficile de percevoir comment l'esprit s'exprime dans le muscle, et cela d'autant plus que son mode d'expression le plus usuel est, à ce niveau, l'érection.

La façon dont la psyché s'investit en premier lieu dans les muscles est aussi au centre du mystère de l'hystérie dans laquelle le drame que rencontre cet investissement est d'apparaître comme totalement déconnecté de la pensée. Freud considérait que ses clientes hystériques étaient les vrais inventeurs de la psychanalyse. Or, si elles ont pu l'être, c'est qu'il a su reconnaître la marque de l'esprit dans le jeu des sensations et des souffrances musculaires qui les immobilisaient au lit. Que se passe-t-il dans l'hystérie ? Des sensations brutes, innommables ou indicibles, s'expriment à travers toutes sortes de troubles corporels, paralysies ou autres symptômes, qui mettent le savoir médical en échec. Le travail de celle ou de celui qui, alors, entreprend une psychanalyse, permet à ces sensations innommables de se transformer en images : en rêves. Et, en racontant ceux-ci à son psychanalyste, ces images se transforment en mots.

Voilà comment les hystériques viennoises ont permis à Freud de comprendre ce qu'est l'hystérie. Nous l'avons vu à propos de Marie. Lorsque, dans l'enfance, *la peau de sensations* devient imperméable aux images et aux mots, se bloque ou se déconnecte des autres registres mentaux pour ne pas risquer de transformer maman par ses « vilaines questions », en mur de glace ou en furie, alors s'installe l'hystérie qui, invisible dans l'enfance, ne se déclare qu'à l'adolescence.

Mais si Freud accordait une place prépondérante à l'hystérie dans l'invention de la psychanalyse, c'est surtout parce que celle-ci lui a donné la clef de toutes les autres formes de troubles mentaux. Le corps souffrant et privé de mot pour le dire est ce à quoi nous confronte quotidiennement la psychanalyse. Et, à ce niveau, la mémoire que recèle le registre des sensations et du corps, est de loin, la plus riche. La *mémoire des sensations* est, certes, assez opaque. Elle est, néanmoins, beaucoup plus riche que celle des mots, même lorsqu'elle s'exprime dans un symptôme et que celui qui en souffre n'y a aucun accès conscient. La *mémoire langagière* est plus mobile, mais plus pauvre. C'est pourquoi ceux ou celles qui souffrent d'hystérie ne peuvent même pas nous dire de quoi ils souffrent. Ils n'ont pas d'autre choix que de l'exprimer avec leur corps. Quant à la *mémoire des images*, c'est une mémoire de la séparation, qui est celle des formes et de leur mobilité. Ce qui la rend incontournable dans la mobilité corporelle de l'enfant.

C'est la raison pour laquelle Françoise Dolto a conçu l'*image inconsciente du corps* comme une mémoire des affects, des sensations et des images qui détermine la mobilité corporelle de l'enfant et qui est, de ce fait, incontournable, dans sa prise en charge thérapeutique.

A l'âge où l'enfant construit sa *peau langagière*, il lui faut, en effet, concilier un « savoir de bébé », celui que recèle sa *peau de sensation* avec un « savoir adulte », celui sur la sexualité. Or, lorsque n'y arrivant pas, il consulte un psychanalyste, mais ne possède pas encore les mots lui permettant de s'exprimer verbalement, l'enfant fait, en quelque sorte, « des pieds et des mains » pour nous permettre de comprendre ce qui le préoccupe. C'est alors son *image inconsciente du corps* – ce que sait son corps et qu'il ne peut pas dire –, qui s'adresse directement à nos yeux.

L'*image inconsciente du corps* de l'enfant se perçoit ainsi de deux façons. D'une part, à travers ce que montre son corps, sa mobilité musculaire, sa gestuelle. De l'autre, à travers ses images mentales, ses rêves, ses modelages ou ses dessins. Voilà d'ailleurs l'une des raisons pour lesquelles ce concept n'a guère été compris du vivant de Françoise Dolto [1]. Il s'agit d'un concept qui ne concerne pas seulement ce qui s'entend, comme il est d'usage avec les adultes, mais qui prend aussi

1. Voir à ce sujet : « Françoise Dolto : c'est la parole qui fait vivre. Une théorie corporelle du langage », *op. cit.*

en compte ce qui se voit : ce que l'enfant exprime à travers sa gestuelle et ses dessins. Or, habituées à considérer l'inconscient, comme le leur avait appris Jacques Lacan, sous l'aspect du *signifiant* et du *signifié*, les analystes d'enfants lacaniennes avec lesquelles travaillait Françoise Dolto – dont la plus connue est Maud Mannoni – ne sont jamais arrivées à comprendre pourquoi elle tenait tant à ce terme d'*image* et ne voulait, en aucun cas, qu'on y substitue celui de *signifiant*[1]. Or, si elle y tenait, c'est parce que le registre des images mentales est non seulement le plus mystérieux mais le plus individuel ou le plus personnel de nos trois grands registres de représentations.

Les sensations et les mots sont plus ou moins communs à tous les hommes. Les images mentales sont, comme il en est des rêves, toujours propres à celui qui les produit. Le registre des sensations n'est bien sûr jamais tout à fait identique d'un individu à l'autre, mais ce que ressent, par exemple, un être humain lorsqu'il est dans les bras d'un autre est, *grosso modo*, semblable pour tous. Il en va de même pour le langage. Le sens que nous donnons aux mots peut varier d'une personne à l'autre mais, dès qu'on parle la même langue, il est grosso modo semblable. Alors que les images mentales – qu'il s'agisse de celles à travers lesquelles nous percevons la réalité extérieure ou de celles qui peuplent nos rêves – sont beaucoup plus individuelles. Dans les deux cas, ce sont des productions personnelles et subjectives, dans la mesure où les images mentales sont des images reconstruites par le cerveau, et qu'à l'échelle microscopique où s'élaborent les processus mentaux, chaque cerveau est différent de tous les autres[2].

Contrairement à ce qu'on a l'habitude de croire, la vision ne provient pas tant des yeux que du cerveau, et les images que nous percevons ne sont, pour cette raison, pas celles que

1. Voir à ce sujet : *Lettres de l'Ecole freudienne de Paris*, n° 2, Paris, 1967.

2. Voir à ce sujet Gerald M. Edelman, *Biologie de la conscience*, Odile Jacob, Paris, 1992.

captent nos yeux. Les informations recueillies par les yeux sont décomposées, disséquées et analysées en divers lieux du cerveau. A la suite de quoi, celui-ci reconstruit ce que les yeux ont perçu, non pas tel que ceux-ci l'ont vu, mais en le remodelant dans une vision du monde propre à l'espèce humaine et en utilisant pour cela tout ce que notre esprit a auparavant mémorisé. Les couleurs, par exemple, n'existent pas dans la réalité physique. Elles correspondent à la façon dont notre cerveau interprète les variations de fréquence des ondes lumineuses. Mais si, le soir, le ciel devient exceptionnellement violet, nous continuons à le voir bleu, car le cerveau, considérant sa propre mémoire, nous le présente comme nous avons l'habitude de le voir. Ce qui se vérifie si l'on se plie en deux en regardant entre ses jambes. Car, ainsi désorienté, le cerveau restitue les inhabituelles couleurs du ciel ou du paysage[1].

Les images mentales ne sont donc jamais totalement objectives. Elles sont toujours propres au cerveau qui les produit et c'est pourquoi Françoise Dolto situait la dimension la plus personnelle de l'être dans le registre des images. Elle considérait par exemple que, dans notre fonctionnement mental, les couleurs sont la transcription des sentiments que l'on projette sur le monde environnant. C'est ainsi qu'elle expliquait qu'un enfant puisse déclarer, à propos de sa maîtresse : « Elle est pas gentille, elle est verte ! Ceux d'à-côté ont une maîtresse bleue, j'aimerais mieux être avec eux ! » Et cela, alors même que les deux maîtresses sont en blouse blanche[2].

1. Voir à ce sujet Jacques Ninio, *L'Empreinte des sens*, Odile Jacob, Paris, 1989.

2. Françoise Dolto, *L'Image inconsciente du corps*, Seuil, Paris, 1984.

VI

LES TROUBLES DE LA PATERNITÉ

On ne peut être père indépendamment de son sexe

Novembre 1997.

Philippe, le père du petit Michel qui, un jour au cinéma, a brusquement compris que ce sont les enfants qui font les parents et non l'inverse, a repris rendez-vous aujourd'hui. Il m'a assidûment fréquenté sept à huit mois, le temps de retrouver des rapports de parole un peu plus normaux avec son ex-épouse. Mais continuant à penser que le traumatisme qu'a été pour lui son divorce est une question beaucoup plus politique que personnelle, il m'a, au bout de ce temps, déclaré qu'il préférait s'inscrire dans une association de défense des droits des pères plutôt que de poursuivre un travail sur lui-même. Je lui ai fait remarquer que je ne voyais pas en quoi ces deux choses étaient contradictoires. Il m'a alors demandé s'il pouvait continuer à venir me revoir de façon intermittente. Ce que j'ai accepté.

Philippe milite donc activement dans l'association dont il est devenu membre. La dernière fois que nous nous sommes vus, il m'a parlé des actions qu'ils y poursuivent pour dénoncer l'absurdité des lois qui, en toute bonne conscience, dépossèdent les enfants d'un tuteurage paternel. Au regard de leur santé mentale, ce tuteurage devrait, à mon avis, être inaliénable. « Il est quand même incroyable, me disait-il, que nul ne veuille admettre qu'un homme puisse s'occuper d'un petit enfant aussi bien qu'une femme ! » Je lui ai alors fait remarquer qu'à parler ainsi il ne revendiquait pas le droit d'être un père, mais celui d'être aussi bien qu'une mère.

Les pères qui ne savent se comporter avec leurs enfants que comme des mères sont souvent plus destructeurs que ceux qui les abandonnent. Nous avons longuement débattu de cela, et m'apercevant qu'il avait négligé de lire un certain nombre de travaux sur le père, je lui ai dit qu'il était temps qu'il le fasse, pour réfléchir un peu plus concrètement à ce qu'est un père. Car si, dans son association, ils revendiquaient ainsi le droit à être des mères, je ne les trouvais pas très crédibles. Philippe s'y est donc mis et a repris rendez-vous pour en parler :

« J'ai surtout beaucoup aimé l'article sur l'inceste d'Aldo Naouri [1]. Le livre de Delaisi de Parseval [2] aussi. Mais j'aimerais, tout d'abord, parler de celui de Christiane Olivier [3]. Je ne comprends pas ce qu'elle veut dire lorsqu'elle conseille aux pères d'avoir un rapport de corps avec leurs enfants.

– Formulé ainsi, c'est en effet ambigu. Qu'est-ce que c'est pour vous un rapport de corps ?

– Ben, c'est plutôt ce qui se passe avec une femme.

– Mais avec un bébé, qu'est-ce que c'est ?

– C'est justement de ça dont j'aimerais vous entendre parler.

– Si je me souviens bien, Christiane Olivier explique assez clairement que les bébés ont besoin de présence et de paroles, mais aussi d'être portés et câlinés.

– Oui, mais elle est aussi catégorique que vous sur le fait qu'un père n'a pas à se comporter comme une maman. Et comme ce sont les mamans, taties et grands-mères en tête qui n'arrêtent pas de tripoter les bébés, je ne vois pas en quoi le fait qu'on s'y mette puisse créer un lien particulier au père.

– Le rapport au père est antérieur à cela. Il remonte au stade fœtal.

– Oui, c'est ce qu'elle dit. Elle passe en revue toutes sortes

1. Aldo Naouri, « Un inceste sans passage à l'acte : la relation mère-enfant », dans Françoise Héritier, *De l'inceste*, Odile Jacob, Paris, 1994.

2. Geneviève Delaisi de Parseval *La Part du père*, *op. cit.*

3. Christiane Olivier, *Les Fils d'Oreste, ou la Question du père*, *op. cit.*

de gens et de recherches, mais d'une façon que j'ai trouvé un peu embrouillée.

Sortant le livre de sa sacoche, il l'ouvre à la recherche d'une page :

– Page quatre-vingt-huit, je l'ai noté, elle écrit : "un père ça s'*imprime*", et elle le souligne, "dans l'enfant dès le quatrième mois de la grossesse, grâce aux perceptions intra-utérines, et puis ça ne s'efface plus jamais".

– Elle parle du quatrième mois, car c'est celui où l'enfant est complètement formé et le fait sentir en bougeant. Mais rien ne permet d'affirmer que le fœtus ne perçoive pas son père plus tôt. N'est-ce pas ici qu'elle se réfère à l'haptonomie et aux travaux de Franz Veldman ?

– Si, et qu'est-ce que je regrette de ne pas avoir connu ça lorsqu'on attendait Michel ! Que l'haptonomie puisse créer un lien précoce entre le père et l'enfant, ça je veux bien le croire, mais lorsqu'on n'a pas eu la chance de rencontrer l'haptonomie, je ne vois pas ce qui le crée. Elle parle de l'odeur du père qui flotte dans le liquide amniotique, mais il y flotte aussi toutes celles des aliments que mange la mère. Je ne vois pas comment l'enfant peut, dans tout ça, discerner l'odeur du père. De même les mains, comment peut-il savoir qu'il s'agit de celles de son père, plutôt que de celles de l'obstétricien qui ausculte sa mère ?

– Vous ne le voyez pas car Christiane Olivier semble avoir oublié de mentionner l'essentiel.

– L'essentiel, l'amour que lui porte son père ?

– L'amour bien sûr, celui que le père porte à l'enfant, mais aussi et surtout, celui qu'il porte à sa mère, et donc, à ce niveau, son sexe.

Mes paroles plongent Philippe dans un abîme de pensées. Un silence s'ensuit, avant qu'il n'ajoute :

– Et ça ne vous gêne pas ?

– Pourquoi voulez-vous que ça me gêne ! Si quelque chose me gêne en ce moment, c'est de me rendre compte qu'en lisant ce livre je ne m'en étais même pas rendu compte. J'aurais donc pu faire comme elle. Et c'est ça qui me gêne : que les psychanalystes soient, même lorsqu'ils le dénoncent, toujours à ce point prisonniers d'une culture dans laquelle le sexe est imparlable. Cela au point d'oublier des choses aussi essentielles que le sexe du père lorsqu'ils abordent la vie fœtale. N'êtes-vous pas en train de m'expliquer que c'est ce genre d'oubli qui les rend incompréhensibles ?

Il réfléchit un long moment avant de répondre :

– Je n'avais jamais pensé que Michel ait pu participer à nos orgasmes, c'est troublant.

– Ne serait-ce pas parce que cela vous pose brutalement la question de vos propres pulsions incestueuses ?

– Peut-être.

– On ne connaît pas assez la vie fœtale pour savoir ce que ressent le fœtus lorsque sa mère fait l'amour, et cela sans compter les tabous qui font que l'on n'ose même pas s'en poser la question. Ce que l'on sait, c'est que le fœtus vit dans un univers mental où les mots n'existent pas encore. Tout y est sensation. Les images mentales existent déjà de façon latente. Les fœtus rêvent. Mais elles ne sont pas encore connectées à la réalité extérieure et au langage. La vie mentale du fœtus se déploie principalement dans le registre des sensations. Il me semble donc évident que le fœtus participe à la sexualité de ses parents, et si je m'en tiens à ce que m'a appris la clinique, j'aurais tendance à penser que cela est plus utile à son développement que l'inverse. Etre confronté à des parents qui s'aiment ne peut que faire du bien.

– Du bien ?

– Et que voulez-vous que cela lui fasse d'autre ! Les enfants sont le produit de notre sexualité. Il est temps de considérer qu'ils n'éprouvent eux-mêmes aucune honte à cela. Ceux qui justifient les lois contre lesquelles vous vous battez le font en affirmant que le fœtus ne connaît rien d'autre qu'une symbiose avec sa mère et qu'une fois né il n'a besoin que d'elle. Cela laisse totalement inexpliqué le fait que les enfants attendus et désirés par un homme se développent toujours mieux que ceux faits à son insu et reconnus par la suite. En renvoyant dos à dos, comme le fait Christiane Olivier, les hommes qui, comme Donald Winnicott ou Boris Cyrulnik, ne réfèrent le fœtus et le nourrisson qu'à sa mère, et ceux qui, légiférant, se posent en défenseurs de mère pour mieux ignorer leur propre rôle, c'est ce qu'elle cherche à dénoncer. Même si, en mettant si finement le doigt sur leur jalousie de ne pouvoir être des mères, elle en oublie tout bonnement leur sexe. Il est temps de penser qu'un fœtus peut être attaché à son père, et l'être à partir de tout ce qu'il en perçoit, fût-ce son sexe.

– Et que ressent-il lorsque les parents font l'amour ?

– Je n'en sais rien. Ce que je sais, c'est que les lois contre lesquelles vous vous battez ont été promulguées par des hommes, et cela dans toute l'Europe. Ce qui indique que l'homme européen semble ne plus du tout savoir à quoi sert un père dans la construction de l'enfant. C'est surtout cela qui me paraît grave. Et si ceux qui combattent ces lois ne revendiquent eux-mêmes que le droit d'être aussi bien que les mères, comme vous me le laissiez entendre la dernière fois, je ne vois pas comment les choses peuvent bouger. Il me paraît donc important que les hommes se mettent à réfléchir au rôle et à l'impact que joue le masculin dans la santé mentale de l'enfant. Car, en fait, ce sont les hommes beaucoup plus que les femmes qui ont réduit leur fonction à une goutte de sperme, comme le dit Geneviève Delaisi de Parseval. Vous avez lu *La Part du père* et ce qu'elle écrit sur la couvade ?

– Je l'ai trouvé difficile à lire par moments, mais passionnant.

– Vous avez donc vu que la plupart des Indiens d'Amérique latine estiment que faire l'amour pendant la grossesse repousse les risques de fausse-couche. Ils le font donc beaucoup. Et qui peut dire à l'heure actuelle si ce n'est pas eux qui ont raison. De tous les hommes de la planète, l'homme occidental est loin d'être le mieux placé pour répondre à cette question, puisque, comme le montre ce livre, il règne dans notre culture un vide total de mots et de pensées sur ce qu'est le passage du statut viril à celui de père. Ainsi que sur tout ce que vivent les hommes lorsqu'ils attendent un enfant. »

La couvade et les symptômes de grossesse de la paternité

Traitant du désir d'enfant de l'homme et des troubles de la paternité, le livre de Geneviève Delaisi de Parseval, *La Part du père,* est un ouvrage très instructif.

Il n'existe, en français, aucun terme pour nommer l'état de celui qui attend un enfant. On dit de la femme qu'elle est enceinte. De l'homme, on ne dit rien ! De même en ce qui concerne les rapports du père à son petit enfant. Alors même que l'instinct maternel y figure en bonne place, « Le Larousse ne connaît pas l'instinct paternel » et le mot « paterner » n'existe pas dans notre langue.

Le terme de « couvade », qui occupe une place importante dans ce livre, n'existe pas plus dans le vocabulaire français. « Il ne figure dans aucun dictionnaire français », ce qui est d'autant plus paradoxal qu'il apparaît dans l'*Encyclopedia britannica* comme venant du mot français « couver ».

De plus, dans le domaine des sciences humaines, les recherches françaises brillent d'une absence quasi totale de travaux, « portant sur la paternité normale, et normalement vécue, c'est-à-dire au contact d'un enfant réel ». Voilà ce que constate Geneviève Delaisi de Parseval, qui conclut ce sombre réquisitoire, en faisant remarquer que si l'on cherche dans notre langue ce que signifie un « enfant naturel » on découvre que cela désigne un enfant sans père [1].

La « couvade » est néanmoins un terme que l'on retrouve dans deux professions qui n'ont presque rien en commun. En psychiatrie où il désigne les troubles dont souffrent les hommes lorsqu'ils attendent un enfant. Et en ethnologie où il désigne l'ensemble des rituels imposant aux hommes de s'aliter durant la grossesse de leur épouse ou à l'arrivée de l'enfant.

1. Geneviève Delaisi de Parseval, *op. cit.*, p. 16 à 22.

La couvade rituelle a existé de tous temps et en tous endroits de la planète. Au XVIe siècle, Marco Polo rentrant de Chine décrit ainsi ce rituel qui marque le passage de l'état d'homme à celui de père :

« Il est d'usage, dans cette province qu'une femme venant d'accoucher quitte immédiatement son lit, se lève, se consacre aux soins du ménage. Cependant, le mari s'alite pour quinze jours et donne à l'enfant les soins nécessaires, tandis que la femme se contente de lui donner le sein. Les parents et amis rendent visite à l'homme alité, tout comme chez nous se font les visites de relevailles. Ils disent en effet que la femme à été grosse, qu'elle a accouché et longtemps souffert, mais que désormais l'ordre est rétabli et qu'elle peut, deux semaines durant, se reposer sur son mari des soins et peines que donne l'enfant. Elle ne doit pas moins apporter le repas à son mari dans son lit[1]. »

La couvade existe ou a existé, au Japon, en Chine, en Malaisie, aux Etats-Unis, en Amérique latine, en Irlande, aux Pays-Bas, en Albanie, à Chypre, en Corse et dans le Béarn. Une pratique à ce point présente dans l'histoire des mœurs de notre planète ne peut donc être réduite à un folklore amusant et désuet, comme on l'a voulu au XIXe siècle, en considérant la couvade comme un rituel motivé par la jalousie de l'homme vis-à-vis de la femme.

La couvade est un rituel de passage de l'état viril à l'état paternel qui repose sur la certitude qu'il existe un lien très profond entre le père et l'enfant. Un lien qui vise à renforcer l'identification de l'homme au nourrisson. C'est ce qu'en disent les Indiens mohaves chez qui, à la naissance de l'enfant, le nouveau père est baigné de la même façon que l'enfant par sa femme ou sa propre mère, afin de lui permettre de mieux comprendre son bébé en régressant lui-même à l'état de dépendance néonatale. Les Indiens hopis qui vivent aux Etats-Unis, dans l'Arizona, l'expliquent de la même façon. Chez

1. *De regionibus orientalibus*, vol. II, chap. XLI, cité par Bernard This dans *Le Père : acte de naissance*, Seuil, 1980, p. 185.

eux, le père s'alite à l'annonce de la grossesse et le fait pour favoriser les liens télépathiques entre lui et le fœtus.

Le monde occidental, tant à travers sa médecine que ses idéologies et ses lois, ne considère la création de l'enfant que dans sa dimension matérielle. Ces peuples estiment qu'il s'agit, aussi et surtout, d'une création mentale face à laquelle « la couvade est une façon de nourrir spirituellement l'enfant[1] ».

Notre société semble ignorer que devenir père est un acte mental impliquant obligatoirement l'homme dans son statut affectif et pensant. Les peuples qui pratiquent la couvade considèrent au contraire que la paternité est un état qui ne peut être affronté sans préparation ni précautions. Fidèles à la tradition de leurs ancêtres, ils savent que toute personne ayant rapport à l'enfant, la sage-femme par exemple, peut lui transmettre ses propres qualités mentales. Et comme ils attribuent au père un rôle privilégié dans la construction mentale de l'enfant, c'est celui-ci que la couvade vise à garantir et renforcer. Les Indiens d'Amérique et autres populations pratiquant la couvade ont ainsi compris, bien avant nous, que l'identification de l'enfant à son père est le premier garant de sa santé mentale, mais que cela ne peut bien sûr se faire qu'à condition que cette identification soit réciproque, que le père puisse aussi s'identifier à son bébé.

L'opposition entre l'Indien hopi qui, attendant un enfant, s'empresse d'y penser jour et nuit, et l'homme d'affaires européen qui, dans la même situation, demande à l'accoucheur de sa femme de déclencher l'heureux événement le jour de son passage à Paris, est quelque peu effrayante.

L'absence de pensée sur le devenir père est, dans nos sociétés dites avancées, criante. L'arrivée d'un enfant est pour l'homme autant que pour la femme, un événement qui demande qu'on s'y prépare. Et plutôt que de continuer à considérer les rituels de couvade comme de charmants archaïsmes,

1. P. Rivière, *The Couvade, a problem reborn*, cité et traduit par Geneviève Delaisi de Parseval, *op. cit.*

nous devrions nous dire que nous avons, dans ce domaine, tout à apprendre de ces peuples que nous avons longtemps considérés comme des sauvages.

Que la société occidentale n'utilise plus le mot « couvade » dans d'autres contextes que médical et psychiatrique ne signale-t-il d'ailleurs pas un état d'urgence ?

En médecine, comme en psychiatrie, la couvade désigne les troubles, somatiques ou mentaux de l'homme, provoqués par la venue d'un enfant. Les troubles somatiques sont les troubles gastro-intestinaux, perte de l'appétit, maux de ventre, nausées et vomissements, ou, à l'inverse, des « envies » similaires à celles des femmes et une prise de poids excessif. Les pères attendant un enfant souffrent également d'insomnies persistantes, ont des maux de dents, de tête ou de reins. Or, la première chose qui frappe à propos de ces troubles est que les hommes n'établissent, la plupart du temps, aucun lien entre ce dont ils souffrent et la grossesse de leur femme. Même lorsque, venant de prendre subitement dix kilogrammes, ils en arrivent à être presque aussi imposants qu'elle. « Beaucoup de futurs pères semblent être anxieux, ou du moins éprouver les symptômes somatiques de l'anxiété, sans avoir la moindre idée du motif possible de ces symptômes », écrit le psychiatre anglais, W. H. Trethowan. Ce qui « écarte bien des cas de couvade de la catégorie relativement simple des anxiétés à expression somatique, pour les ranger dans la catégorie des états de conversion [1] ». Aux yeux de ces futurs papas, l'origine réelle de leurs troubles peut ainsi rester d'autant mieux masquée qu'elle est méconnue du médecin qui les reçoit.

Il en est ainsi car, pour établir un lien entre ces manifestations et la paternité, il faut pouvoir comprendre le sens de sa vie fantasmatique, ce qui, pour beaucoup, est impossible sans un minimum d'initiation. Quant aux médecins, pour qu'ils puissent le faire, cela suppose qu'ils aient appris à reconnaître

1. W. H. Trethowan, « Le syndrome de la couvade. Nouvelles observations », *Revue de médecine psychosomatique*, 1969. Cité par Geneviève Delaisi de Parseval, *op. cit.*, p. 22.

l'existence des troubles hystériques et psychosomatiques. Ce qui n'a rien d'évident, puisqu'il s'agit d'un domaine qui n'est quasiment pas enseigné dans les facultés de médecine.

La médecine qualifie, en effet, de psychosomatiques les affections corporelles qui, n'ayant aucune cause biologique, peuvent être considérées comme le produit de conflits mentaux. Elle reconnaît que le seul fait d'en parler peut les résoudre, mais elle n'a rien d'autre à en dire. Elle y assimile donc toutes sortes de troubles hystériques et, en premier, ceux de l'homme et de l'enfant. Or, les troubles masculins dus à la grossesse ont toujours une forte tonalité hystérique.

Ces troubles apparaissent « à des moments précis de la gestation de leur épouse : au début du troisième mois, au neuvième mois et au moment de l'accouchement [1] ». Comme si les souffrances des maris emboîtaient le pas de celles de leurs femmes, ou en prenaient le relais.

Il est connu qu'au cours des trois premiers mois de la grossesse un certain nombre de femmes sont saisies de nausées, de vomissements, de somnolences incontrôlables et autres symptômes qui, pour celles qui en parlent, s'accompagnent de fantasmes de pourrissement, d'angoisses de dédoublement ou de « champignonnage », qui laissent entendre qu'elles n'arrivent pas encore à différencier l'embryon de leur propre chair se transformant. Ce qui apparaît d'autant plus clairement lorsque ces symptômes disparaissent comme par enchantement, au troisième mois de la grossesse, dès le premier coup de pied de l'enfant, quand elles peuvent enfin le ressentir comme un être à part entière, séparé de leur propre chair.

Or, si la façon dont le fœtus affirme sa présence en se faisant sentir met généralement un terme aux symptômes des femmes, il semble que ce soit, au contraire, pour les hommes, de ne plus pouvoir dénier sa présence qui induise les leurs. Leurs symptômes apparaissent, en effet, soit au début du troisième mois lorsque le fœtus se signale pour la première fois, soit au neuvième quand son arrivée est imminente, soit encore au

1. Geneviève Delaisi de Parseval, *op. cit.*, p. 80.

moment de la naissance lorsque le rapport à l'enfant ne peut plus être fantasmatique ou rêvé, mais devient réel, et que les problèmes que pose la paternité ne renvoient plus l'homme ni à la médecine ni à sa femme, mais à son propre père. C'est aussi l'une des raisons faisant qu'ils sont plus fréquents à l'arrivée du premier enfant qu'avec les suivants. Mais ils sont surtout beaucoup moins bien répertoriés que chez les femmes, puisqu'ils n'ont été l'objet d'études qu'aux Etats-Unis.

Les recherches américaines ont mis en évidence qu'il existe chez l'homme attendant un enfant toutes sortes de comportements bizarres, incongrus ou inhabituels, qui ne justifient pas forcément une intervention psychiatrique. Ce sont « ceux que les Américains appellent les "3F" (*fight, flight, fear* ; *bagarres, fugues, peurs*)[1] », auxquels il faut adjoindre les activités sexuelles désordonnées, inaccoutumées ou déviantes.

L'arrivée d'un enfant augmente la fréquence des bagarres (*fight*), des soûleries, des accidents de voiture, des heurts avec les forces de l'ordre, l'accoucheur ou le personnel hospitalier. Certains deviennent excessivement grossiers avec leur famille ou leur belle-famille, mais tous font alors preuve d'un comportement qui n'est habituellement pas le leur. D'autres semblent fuir l'événement (*flight*), en se jetant frénétiquement dans le travail et en n'en sortant plus. Ils voyagent, changent de situation, de travail, de logement, ou reprennent des études. Il y a ceux, enfin, qui sont saisis d'angoisses et de peurs (*fear*), accompagnées de manifestations plus ou moins névrotiques. Mais le plus surprenant reste la fréquence des passages à l'acte sexuel déviants des futurs pères.

Dans les derniers mois de la grossesse, un certain nombre d'entre eux[2] s'exhibent, s'adonnent à la pédophilie, à l'homosexualité, se travestissent, commettent des actes incestueux,

1. Geneviève Delaisi de Parseval, *op. cit.*, p. 88 et s.

2. Un peu moins d'un sur deux, dans le groupe d'une centaine d'hommes étudié par A. Hartman et R. Nicolay dans « Sexually deviant behavior in expectant father, *Journal of Abnormal Psychology*, 1966. Cité par Geneviève Delaisi de Parseval, *op. cit.*

des viols, passent des coups de fils obscènes ou se masturbent en public. C'est souvent la première ou la seule fois de leur vie qu'ils adoptent de tels comportements. Ces passages à l'acte sexuel, qui ont l'aspect de compulsions dues à un débordement émotionnel non maîtrisable, signalent à l'évidence quelque chose d'inconscient qui n'arrive pas à s'exprimer autrement.

La conception d'un enfant, et plus particulièrement du premier, est pour l'homme, comme pour la femme, une répétition. Une répétition, c'est-à-dire un événement remettant obligatoirement en jeu chez l'un et l'autre leur propre conception et, avec elle, ce qui a pu poser problème dans leur enfance. Cet événement est donc susceptible de réactiver toutes sortes de conflits inconscients, traumatismes personnels ou *fantômes familiaux.*

Nous avons vu, à travers le bouleversant destin des enfants psychotiques, à quel point les troubles dus aux carences ancestrales peuvent être graves. Lorsque ceux des futurs papas proviennent d'un *fantôme familial*, d'un manque de paroles, d'un non-dit ou d'un traumatisme familial effacé, les troubles de la paternité peuvent impliquer la psychiatrie d'une façon aussi spectaculaire. Mais, en général, ils proviennent plus simplement de l'absence totale de parole sur ce qui leur arrive. Ils sont l'expression de ce qu'ils n'ont pu ni dire ni penser, à propos de leur nouveau statut. Ils dénoncent une absence de père qui les concerne, eux, en premier et, dans ce cas, ils ont donc une origine semblable à la délinquance de l'adolescent, dont la première cause est l'absence de père.

De la même façon que le font les troubles de l'adolescence, les déviances sexuelles des futurs papas signalent l'impossibilité où sont ces hommes d'arriver à trouver en eux-mêmes un père pouvant leur servir de modèle face à ce qu'ils ont à vivre. Soit ils ne savent rien sur la façon dont leur père les a conçus, soit sur ce qu'il a vécu le jour de leur propre naissance, soit, encore plus radicalement, rien de son intimité personnelle. Leurs débordements sexuels dénoncent ce vide faisant qu'ils n'arrivent pas à trouver en eux-mêmes l'appui d'un *père antérieur* auquel se référer. Ce qu'ils expriment alors sur un mode hystérique.

L'hystérie n'est pas plus féminine que masculine. La violence et les pulsions meurtrières de l'homme peuvent être de nature hystérique. Elles le sont, par exemple, lorsqu'il s'agit d'actes qui échappent à la gouverne de sa pensée. L'hystérie est, chez lui comme chez la femme, un investissement mental du corps et des muscles qui court-circuite l'esprit. C'est le geste irréfléchi, désordonné, et forcément inefficace. Aux yeux de l'homme, c'est donc la pire des maladies qui puisse atteindre un vrai guerrier. Quant au fait que l'hystérie soit moins fréquente chez lui que chez la femme, cela vient de ce que la voie normale de l'hystérie est, pour lui, l'érection. Or, la grossesse a tendance à atteindre l'homme dans sa phallicité. Non pas à un niveau réel, mais fantasmatique. Et comme tout ce qui concerne le devenir père n'a, dans notre culture, aucun statut dans la parole et la pensée, l'homme qui attend un enfant a alors toutes les raisons de se croire devenu inutile.

Cela engendre chez lui diverses inhibitions sexuelles qui lui apparaissent généralement dans ses fantasmes, soit comme la peur de blesser le fœtus, soit comme celle d'être blessé par lui. Se plaindre équivaut donc pour lui à se mettre en rivalité avec le fœtus. Ce qu'il refuse. Ne voulant pas rendre l'enfant responsable de ce qui lui arrive, il préfère souffrir en silence. Et cela d'autant plus sûrement, qu'il a été élevé dans l'idée que la résistance à la souffrance est l'un des apanages de la virilité.

Mais en fait, que risque-t-il de lui arriver s'il rencontre le seul spécialiste susceptible de l'aider, lui, dans la cohorte de tous ceux qui, dès lors, prennent en charge l'état de sa compagne : le psychologue. Il a alors toutes les chances que celui-ci lui interprète ses fantasmes comme l'émanation de l'inévitable et fatidique réalité meurtrière qui, dans la théorie freudienne, oppose obligatoirement le père au fils. Ce qui, au lieu d'arranger ses problèmes, ne fait que les noircir et ne lui laisse plus d'autre choix que de se bourrer de tranquillisants dans l'attente de l'heureux événement. Alors qu'en fait il n'avait besoin que d'une chose : pouvoir parler de son père avec quelqu'un qui, au lieu de l'entendre en termes de rivalité et de meurtre, lui permette de comprendre que ce dont il souffre n'a nulle autre cause que les multiples raisons faisant que son père lui a manqué. Et qui sache, bien sûr, aussi, que l'hystérie des futurs pères vient de ce que l'expression corporelle habituellement canalisée par leur sexe, ne trouvant plus sa voie normale, envahit le reste de leur corps, en s'exprimant à travers toutes sortes de symptômes.

Les passages à l'acte sexuel des hommes en attente d'un enfant sont, en réalité, des actes désordonnés du corps qui expriment ce qu'ils sont incapables de formuler autrement, et dont les bagarres, les accidents de voiture, les heurts avec la police ou le personnel hospitalier sont l'autre face. Ils sont à considérer comme des actes hystériques dans la mesure où ils expriment exactement la même chose que l'hystérie de la femme. Ils dénotent le désarroi de ne jamais avoir pu rencontrer un père dans l'économie affective de sa mère, et encore moins d'avoir pu entendre parler de son sexe. C'est pourquoi ces manifestations sexuelles désordonnées peuvent alors aussi bien les conduire à rechercher inconsciemment l'enfant qu'ils ont été dans des actes pédophiles que le père qui leur a manqué, dans l'homosexualité. Aussi bien, à afficher le désarroi de leur sexe en se travestissant qu'à se rassurer sur leur existence virile dans le viol ou les provocations en tout genre.

Lorsqu'on considère la façon dont l'homme devient très vite quantité négligeable pour la majorité des spécialistes qui prennent alors sa femme en charge, lui-même n'ayant plus d'autres droits et devoirs que de la suivre comme un petit chien de l'un à l'autre, l'on conçoit que des hommes, aussi fragiles sur leur paternité qu'incapables de l'exprimer, puissent alors « perdre les pédales », comme me le disait l'un d'entre eux.

Le lendemain de la naissance de son premier-né, Damien s'était réveillé dans le lit d'un autre, sans savoir ce qu'il y faisait, avec une lourde gueule de bois. Pris de panique, il éprouva le besoin de consulter, non pas pour l'homosexualité qui s'était révélée à cette occasion et qui ne semblait pas lui poser problème, mais à cause de l'amnésie totale qui recouvrait cet événement. Il se souvenait vaguement être passé chez un vieil ami pour y sabrer le champagne, en être ressorti légèrement ivre et avoir eu envie de rentrer chez lui à pied, mais il n'avait pas la moindre idée de ce qu'il avait fait par la suite.

Quelques séances suffirent à le reconstituer. L'amnésie succédant à la chaleureuse soirée avec son vieil ami cachait une longue aventure dans les rues de Paris. Au cours de celle-ci, il avait revécu toutes sortes d'affects provenant de sa propre naissance qui le concernaient autant que sa mère. Damien était son premier enfant. A sa naissance, son père avait, malencontreusement, été immobilisé à l'étranger par un accident, ce qui avait grandement angoissé sa mère. Il en conclut qu'il s'était retrouvé dans les bras d'un homme sous l'effet d'une émotion qui concernait sa propre naissance. Et, considérant cet épisode homosexuel comme la tentative de retrouver ce qui avait alors manqué à sa mère, un homme dramatiquement absent, il n'éprouva plus le besoin de me revoir.

Les formes invisibles de l'inceste

Philippe a repris rendez-vous plus tôt qu'à son habitude, et me demande :

« Comment se fait-il que la plupart des livres sur le père soient écrits par des femmes ?

– Il y a beaucoup de livres sur le père écrits par des hommes. Tous les psychanalystes en traitent !

– Je ne vous parle pas de ce genre de bouquins qui sont incompréhensibles pour le commun des mortels. Je pense à ceux que vous m'avez conseillé de lire, ceux qui peuvent être utiles à tout le monde. On s'est posé cette question l'autre jour avec un copain de l'association. On a fait la liste des bouquins qui traitent du père, pour savoir lesquels conseiller, et on a sélectionné ceux qui nous ont à tous deux apporté quelque chose. On en a trouvé quatre. Ceux d'Evelyne Sullerot, Geneviève Delaisi de Parseval, Christiane Olivier et Aldo Naouri. Ce qui fait 75 % de femmes pour 25 % d'hommes. Vous ne trouvez pas les hommes particulièrement absents sur cette question ?

– Si.

– Et pourquoi ?

– Probablement pour les mêmes raisons qui font que ce ne sont pas les femmes, mais les hommes qui ont voté les lois ayant destitué le père ! Et que vous-même, il y a encore fort peu de temps, ne revendiquiez que le droit d'être aussi bien qu'une mère !

– Et ça ne vous paraît pas grave ?

– Si très grave ! Mais n'étant pas sociologue, je ne sais comment le penser. Je ne peux le faire qu'à partir de mon propre domaine, et dans celui-ci, que ce soit Aldo Naouri, Bernard This ou moi-même, il semble que les seuls hommes à soulever la question du père soient les cliniciens d'enfants. Comme si, pour les autres, Freud avait une fois pour toutes et définitivement réglé cette question. Et, si j'en juge par ce que vous m'avez vous-même appris, ce qui est valable pour les thérapeutes l'est pour tous les hommes. On ne peut correctement penser le père sans le faire en partant de l'enfant. Lorsque vous dites que je vous ai beaucoup apporté sur cette question, ce n'est pas tout à fait faux, car il est difficile de penser ce qu'est un père sans commencer par réparer le sien. Et c'est ce qu'on fait chez un psychanalyste. Il n'empêche que ce n'est pas moi qui vous ai permis de modifier radicalement votre conception de la paternité, mais votre propre rapport à l'enfant.

– Je ne vous suis pas.

– En vous attrapant la main au cinéma, le copain de votre fils, le petit Bruno, vous a permis de saisir quelque chose de beaucoup plus fondamental que tout ce que vous avez découvert dans ces livres. La réponse à votre question est peut-être là ! Il est impossible de penser correctement ce qu'est le père, tant que l'on ne commence pas par le considérer à travers les yeux de l'enfant ! Ce sont les hommes qui sont obnubilés par le désir d'être aussi bien que leur papa, et qui, à ne vouloir que répéter leur père, en arrivent à esquinter leurs gamins. Les femmes n'ont pas ce problème-là. Elles en ont d'autres, mais si elles ont souvent plus de facilité que les hommes à considérer le père à travers les yeux de l'enfant, c'est qu'elles n'ont pas à redouter la peur ou le désir de l'être !

– Et alors, qu'est-ce qu'on fait de ça, nous les hommes ?

– Qu'est-ce qu'on fait ? Vous, vous militez ! Moi j'écris un livre ! Qu'est-ce que vous voulez qu'on fasse de mieux ? Le monde qui est le nôtre est celui hérité de nos pères, et assumer d'être père, c'est justement se préoccuper de ce que sera celui dont hériteront nos enfants ! »

Philippe une fois parti, je souris en repensant à sa question. Il est arrivé chez moi en maudissant toutes les femmes et le voilà qui découvre qu'elles peuvent être plus lucides que les hommes sur la question du père. Il a toutefois bien raison de s'inquiéter qu'Aldo Naouri soit l'un des rares thérapeutes masculins à avoir tenté d'alerter ses semblables sur l'urgence de la situation ! C'est, en effet, à peu près le seul auteur qui dénonce l'invisible, quotidien et écrasant inceste de la « bonne et toute mère » que les idéologies de la primauté maternelle semblent vouloir institutionnaliser dans notre culture. Son livre *Une place pour le père* [1] dévoile à quel point, dans le contexte juridique et socioculturel qui est actuellement le nôtre, la clinique de l'enfant ne peut plus être autre chose qu'une clinique de la mère et de l'enfant, dans laquelle le père semble, systématiquement, s'être perdu en cours de route. Il montre que si les enfants pour lesquels on nous consulte souffrent tous en leur père, c'est, pour la grande majorité d'entre eux, de le voir confronté à l'impossibilité radicale d'établir la moindre brèche dans une perfection maternelle qui, eux, les étouffent.

Les femmes ont longtemps été privées de tout droit et notre époque y remédie. Mais que les droits maternels sur l'enfant

1. Aldo Naouri, *Une place pour le père*, Seuil, 1982.

soient l'un de nos acquis sociaux ne justifie pas que l'on oublie, comme cela semble être le cas de nos jours, que la mère ne peut pas exister sans le père.

« Le chromo idyllique, écrit Aldo Naouri, que l'on a monté en épingle et dans lequel on a voulu enfermer la relation mère-enfant », évite soigneusement de rendre « compte d'une réalité sous-jacente qui s'exprime rarement. Il faut avoir vu tant et tant de jeunes mères et les avoir écoutées parler, chacune avec ses mots, de leur expérience. On mesure alors la gravité qu'elles mettent toujours dans l'exécution de leur tâche. Comme si elles prenaient soudain conscience de la lourdeur de ce qui les attend et qu'elles mesuraient l'ampleur de l'irrattrapable folie que l'exploit de leur corps leur a fait accomplir en toute méconnaissance. L'effroi qui les étreint alors est si grand qu'il les paralyse littéralement en ne leur permettant pas un mouvement autre que régressif. Si bien qu'au lieu d'affronter ce futur qu'elles craignent elles se réfugient dans l'expérience récente dont leur corps a gardé le souvenir, retrouvant une logique dont elles sont, en quelque sorte, assurées du résultat. Ce qui se traduit par la multiplication des précautions futiles, l'accumulation d'inquiétudes infondées, la quête incessante des meilleures recettes possibles [1] ».

« Ces mères ne remettent pas en elles leur fruit, en accomplissant par voie sexuelle un inceste véritable. Elles s'en défendent violemment, en se protégeant derrière la réprobation horrifiée qu'elles affichent de toute idée de passage à l'acte. Elles pensent que leur respect des formes leur permet de se dédouaner à faible prix de toute accusation de ce type. Alors que, de fait, elles font pire encore. Puisqu'elles refusent métaphoriquement à leur enfant la toute simple possibilité de sortir d'elles, le condamnant ainsi à demeurer à jamais dans leur niche utérine extensible à l'infini. Si bien qu'à défaut de pouvoir réellement remettre en elles un corps qui n'arrête

1. Aldo Naouri, « Un inceste sans passage à l'acte : la relation mère-enfant », dans Françoise Héritier, *De l'inceste*, © Editions Odile Jacob, Paris, 1994.

malheureusement pas de grandir elles l'étouffent littéralement sous leur surprotection [1]. »

Voila ce qu'Aldo Naouri appelle la « propension naturelle maternelle à l'inceste ». Or les pères ne sont-ils pas les premiers responsables de cet enfermement incestueux qui ne transparaît qu'à travers les plaintes, les angoisses et l'insatisfaction de leurs épouses ! Et s'ils le sont, qu'en pensent-ils ?

« Que voulez-vous que j'en pense ? » répond l'un d'eux, réduit à l'impuissance par la perfection de son épouse. Sa dernière fille, Christine, a 12 ans. En réaction à l'étouffante « élasticité utérine » de sa mère, elle a développé une véritable passion de la mort qui la pousse à ne plus rien faire d'autre que passer ses journées à calculer le temps restant à vivre à chacun des membres de sa famille. Aldo Naouri interroge son père sur ce qu'il en pense, et celui-ci lui répond :

« C'est bien la première fois que quelqu'un se préoccupe de ce que je pourrais penser. Je peux dire et redire à ma femme des choses, elle n'entend rien. Elle refuse d'entendre. Ce que je dis ou rien, c'est du pareil au même. C'est vrai que je n'ai rien à dire de son dévouement, de ses qualités, de ses soucis. Elle est une mère parfaite à tous égards. Et je ne peux pas lui faire de procès de ce côté-là. Elle exagère un peu. Elle exagère tout court. Elle est comme ça. Et ça fait des années que ça dure. Ce n'est pas pour moi que je parle. Parce qu'il y a longtemps que j'ai compris que j'ai épousé une mère et pas une femme. On a eu nos enfants et, dans l'ensemble, ça ne s'est pas trop mal passé. Le moment venu les grands ont compris. J'ai compris que je devais les aider. Mais, pour Christine, c'est différent. C'est notre dernière. Et je suis un peu embêté. Parce que vous avez compris que ma femme a tenu le coup en se disant pour chaque enfant que celui-là, il fallait le lâcher et que le suivant ferait l'affaire. Mais, après Christine, il n'y a plus personne. Il n'y a qu'elle et moi et notre solitude à deux [2]. »

1. Aldo Naouri, « Un inceste sans passage à l'acte : la relation mère-enfant », dans Françoise Héritier, *De l'inceste*, © Editions Odile Jacob, Paris, 1994.

2. Aldo Naouri, *Une place pour le père*, © Editions du Seuil, Paris, 1985.

Cet homme que sa fille questionne sur la mort et qui semble n'avoir jamais pensé que la tâche paternelle implique justement de savoir prendre en charge ce genre de questions ne peut qu'avouer son incapacité à établir la moindre brèche dans la *dyade incestueuse* qui étouffe sa fille. Timidement, il tente de justifier son impuissance à être père. Il a compris qu'il a épousé une mère et non une femme. Qu'est-ce à dire ? Curieusement, il avoue qu'il ne dit pas ça pour lui. Ne souffre-t-il donc pas d'être privé de femme ? Ou avoue-t-il qu'à travers elle il aurait épousé sa propre mère ?

Le regard qu'il porte sur l'étouffante perfection maternelle de sa compagne ne le situe en effet pas dans la position d'un homme adulte, sexué et en droit d'en assumer les conséquences. Ce n'est pas l'homme, mais l'enfant, qui proteste alors en lui. Il laisse ainsi entendre que son impossibilité à être père est sous la dépendance de l'enfant qu'il a été. Il ne peut aider sa fille à se soustraire à la toute-puissance maternelle régnant sur son foyer, car c'est en lui-même que sa propre mère l'en empêche.

Où s'est-il, en effet, forgé les représentations de sa propre sexualité ? Et où a-t-il donc définitivement admis que le masculin ne saurait remettre en cause l'immortelle royauté des mères, si ce n'est dans sa propre enfance ? Voilà donc un père qui souffre, à travers sa fille, d'avoir lui-même manqué de père. Et de quoi souffre-t-il plus précisément ? Très probablement de n'avoir découvert l'existence de ses testicules qu'à sa première éjaculation. Or si, ici, je vois juste, comment pourrait-il le savoir, puisqu'il vit dans une société où la plupart de ses semblables souffrent de la même chose et l'ignorent tout aussi radicalement que lui ?

Si je demande à n'importe lequel des hommes qui me consultent : « Quand avez-vous découvert l'existence de vos testicules ? » la réponse est presque toujours la même : « A ma première éjaculation. » « Et votre père ? » « On n'en a jamais parlé, mais je pense que ça a été pareil pour lui. » Voilà donc le silence qui, se transmettant de père en fils, situe le catastrophique statut du masculin dans le monde occidental.

Pour que l'enfant puisse se construire une image correcte de son sexe, il est nécessaire qu'il soit informé du rôle que celui-ci joue dans la reproduction dès qu'il en pose la question : dès 3 ans.

Si le garçon ne peut découvrir le rôle que joueront ses testicules à l'âge adulte, l'image qu'il se fait de son sexe se limite à ce qu'il en perçoit, c'est-à-dire à ses érections. La façon dont il vit son sexe ne dépend plus dès lors que du regard que porte sa mère sur celui des hommes. Si celle-ci est une éternelle angoissée, si elle est frigide, ou se complaît dans la névrose, il souffrira à l'âge adulte de ne pas savoir quoi faire de son sexe et le fait d'avoir passé toute son enfance à ignorer l'existence de ses testicules fera de lui un névrosé obsessionnel. Si à l'inverse sa mère n'est pas frigide et apprécie les hommes, cette ignorance fera de lui un homme contraint de devoir en permanence se réassurer sur l'existence de son sexe. Car, n'ayant pas pu, enfant, se représenter ses testicules, son sexe continuera, à l'âge adulte, à n'avoir d'existence que lorsqu'il bande. Et l'érection n'étant pas permanente, ce sera un homme qui ne pourra être assuré de son existence virile qu'en sautant sur toute femme passant à sa portée.

« L'homme ne respecte rien autant que la mère, et les grands défenseurs des mères ont toujours été des hommes [1] ! » écrit Christiane Olivier. Certes, mais dès qu'ils oublient que ce sont les testicules qui créent la mère, ils ne peuvent plus la considérer autrement qu'à travers l'image asexuée que leur a présentée la leur. C'est ainsi qu'ils deviennent les premiers complices de ces enfermements incestueux où leurs épouses se complaisent. Et si le père de Christine se présente à Aldo Naouri comme un enfant dont personne ne prend la parole au sérieux, c'est très probablement parce qu'il n'a jamais pu, lui-même, émerger de l'endroit où sa mère était déjà seule à porter la culotte.

Quels sont les enfants qui, dans la riche société occidentale, ne souffrent pas en leur père ? Dans la clientèle d'un psycha-

1. Christiane Olivier, *op. cit.*, p. 149.

nalyste, grands ou petits en souffrent tous ! Ils souffrent d'un père muet, d'un père sans parole, d'un père béquille, porte-monnaie ou martinet de la mère qui, une fois sur deux, n'a rien fait d'autre que de les enfermer dans la problématique maternelle que, lui-même, par manque de père, n'a pu résoudre lorsqu'il était enfant.

Lorsque les pères limitent leur rôle à celui de soutien pour la mère, ils confondent obligatoirement la leur et celle de leur enfant. La façon dont ils laissent alors celui-ci stagner sous la seule tutelle maternelle apparaît dans le fait qu'ils ne rencontrent jamais les divers thérapeutes que leurs femmes consultent. Dans leur « quête incessante des meilleures recettes possibles », leurs épouses n'arrêtent pas de consulter. Eux jamais. En bon soutien de mère, ils se contentent de payer l'onéreuse addition que leur coûte l'incessante recherche de leur compagne. Or, que découvre-t-on lorsqu'on écoute ces femmes aux époux invisibles, tout à la recherche d'une identité de mère et en demande d'un savoir qui en garantisse les fondements ?

L'on essaie de comprendre les problèmes qu'elles rencontrent avec leur enfant. L'on considère avec elles la façon dont elles l'introduisent à la vie, et l'on découvre, le plus souvent, que d'une façon aussi méticuleuse qu'inconsciente elles le protègent de toute parole pouvant blesser ses tendres oreilles, c'est-à-dire de toute information sur le sexe et la mort. Elles éliminent ainsi, sans même s'en rendre compte, tout propos permettant à l'enfant de se représenter qu'il est aussi le produit du corps de son père. Cela d'autant plus solidement qu'elles le font en toute complicité avec leur époux qui, persuadé que l'enfant n'a besoin que d'une mère, se pose en gardien de la *dyade incestueuse* dans laquelle il est enfermé. Ces femmes déploient une énergie colossale pour atteindre à l'idéal de la « bonne mère » qu'elle se sont fixé. Mais elles n'ont jamais pensé que, du point de vue de la santé de l'enfant, la seule « bonne mère » est celle qui sait qu'elle ne peut l'être sans un père.

Sous le regard attendri de leurs époux, elles vivent la relation à l'enfant comme impérissable et, dans un déni de l'ordre du temps, elles en arrivent à considérer leur fonction comme éternelle. Au moindre chagrin de l'enfant, elles lui affirment que « jamais, jamais, l'on ne se quittera », sans pouvoir plus que leur mari se rendre compte de la dimension profondément incestueuse d'un tel propos.

Dès qu'une femme affirme « qu'être mère, c'est pour la vie », il lui devient impossible de pouvoir penser que ses enfants naîtront un jour pour de vrai, que la sortie du ventre n'était que la naissance du corps et que la vraie naissance est celle qui en fera des adultes. C'est ainsi que la mère devient un « utérus élastique » qui, au nom de l'amour et en toute bonne conscience, dépossède l'enfant du droit le plus élémentaire : celui de se donner un corps autonome et indépendant d'elle.

Voilà ainsi décrite la forme d'inceste la plus commune, mais aussi la plus destructrice, car c'est tout à la fois la plus légale et la plus invisible.

L'étouffante perfection maternelle repose dans ce cas sur un déni commun à l'homme et à la femme, celui où père et mère tiennent tous deux pour négligeable que l'enfant soit sorti des testicules de son père. Ainsi protégé par ses deux parents de tout propos sur la sexualité et la mort, il devient impossible à l'enfant de se savoir issu du corps de son père. Il ne peut plus alors non seulement acquérir qu'une image tronquée de son sexe, mais, chose plus grave, il le fait en continuant pendant toute la période œdipienne à considérer son corps comme la propriété de ses parents.

Que l'enfant ne puisse pas se savoir issu des testicules de son père est, du point de vue de son développement mental, l'une des choses les plus graves qui puissent lui arriver. Ne pas lui permettre de le découvrir revient à le priver de son premier potentiel évolutif. Car c'est lorsqu'il imagine comment il s'est, sous forme de « graine », *séparé* du corps de son père pour aller se construire dans celui de sa mère qu'il peut concevoir ce qui n'a, *a priori*, aucune évidence pour lui : qu'il aura un jour à se *séparer* de sa mère.

Il est normal pour un bébé d'appartenir à sa mère. Pas pour un enfant. Car, si le nourrisson vit son corps comme la propriété de ceux qui s'occupent de lui, le premier travail de l'enfant est justement de prendre possession de son corps. Mais pour qu'il le puisse, il faut bien sûr qu'on le lui permette.

La capacité de l'enfant à assumer progressivement la charge de son corps dépend de la façon dont ses parents s'adressent à lui. S'ils le considèrent comme un sujet, s'ils lui parlent comme à une personne à part entière, l'enfant se retrouve en droit et en devoir de se prendre en charge. S'ils s'en sentent propriétaires sans arriver à vivre son corps et ses pensées comme séparés des leurs, en le traitant, lorsqu'il grandit, comme un infirme, ils l'enferment dans ses croyances de bébé. Et l'enfant continue à vivre son corps comme la propriété de ses parents.

La porte de l'œdipe lui étant ainsi verrouillée, personne ne comprend pourquoi ce petit se développe mal, est allergique à l'école, pisse toujours au lit ou dans sa culotte. Alors qu'en fait, s'il lui est devenu impossible d'acquérir la moindre autonomie corporelle, cela vient de ce que son père refuse autant que sa mère de lui laisser entendre qu'il a le droit d'être autre chose que la propriété de maman. Or, quelle est la seule information permettant à l'enfant de ne pas sombrer dans la croyance qu'il n'appartient qu'à sa mère, si ce n'est celle qui l'instruit des testicules de son père ?

Les pères qui fétichisent le maternel en oubliant de dire à leurs enfants qu'ils sont aussi sortis de leur corps, les condamnent ainsi, très souvent, à une forme d'inceste d'autant plus dangereuse qu'invisible. Précisons donc, ici, que la dimension la plus quotidienne de l'inceste, mais aussi la plus sournoise car la moins repérable, n'implique jamais le sexe. Elle s'applique au contraire à en nier l'existence, à le gommer, à ne jamais rien en dire et à tout organiser comme s'il n'existait pas. Car, en réalité, l'exclusion radicale de toute représentation sexuelle est la seule chose qui puisse garantir la pérennité des relations incestueuses.

Dans sa forme ouvertement sexuelle, l'inceste ne peut que faire scandale. Il n'est donc jamais très longtemps viable. Par contre, il suffit de poser la relation à l'enfant comme totalement asexuée pour rendre légitime la confusion des espaces corporels entre lui et l'adulte, lui interdire tout droit à la maîtrise d'un espace qui lui soit propre et le priver de toute autonomie lui permettant d'atteindre à la propriété de son corps. Or, à ce niveau, la fragilité hystérique des mères qui, comme celle de Christine, ne peuvent supporter la vie dès que celle-ci les prive des plaisirs de la *dyade mère-enfant*, ou qui font du chantage à la mort sitôt que l'enfant, grandissant, s'éloigne un peu trop de leurs jupes, est une chose relativement connue. La caution qu'y apportent les pères, et le fait qu'ils puissent être les premiers à souscrire à ces formes invisibles de l'inceste, l'est par contre moins.

En réalité, que font-ils d'autre, lorsqu'ils s'expriment à coups de gifles ou de ceinturon ? Ne se positionnent-ils pas alors comme les fervents adeptes de cette confusion des espaces corporels qui prétend enchaîner l'enfant à son propre corps ? Leur violence a, dans ce cas, au moins un avantage. Elle n'est pas aussi invisible que celle de leur épouse et l'enfant peut donc la percevoir – ne serait-ce que dans ses fantasmes inconscients – comme une violence incestueuse. Ce qui lui permet, paradoxalement, de se doter d'un minimum de représentations sexuelles. C'est par exemple ce dont témoignent les fantasmes masochistes de Marie. Privé de toute parole sur le sexe, mais régulièrement battu par son père, l'enfant associe automatiquement cette incontrôlable violence à l'innommable statut du sexe paternel. Et même si cela reste inconscient tout au long de l'enfance, il le retrouve à l'âge adulte dans sa vie fantasmatique.

Mais, le plus souvent, le plus quotidiennement, si les pères sont incestueux, c'est par défaut ou par procuration, lorsque considérant l'enfant comme le seul être capable de satisfaire la libido maternelle, ils lui délèguent tout bonnement leur propre rôle. C'est assez souvent le cas lorsqu'ils ont, eux-mêmes, manqué de père, mais ne peuvent ou ne veulent ni le reconnaître ni en mesurer les conséquences.

Dès qu'un père ne veut pas savoir comment le sien a pu lui manquer, il lui devient impossible de se représenter la paternité comme un rapport direct à l'enfant. Il l'investit alors, obligatoirement, à partir d'un modèle pédagogique qui, visant en premier à le conforter, lui, sur les bienfaits de son enfance, peut, en toute bonne conscience, le faire au détriment de l'enfant. S'il a trop réellement manqué de père, ou comme monsieur de Montalenvert, ne l'a jamais vraiment rencontré, c'est alors qu'il ne peut concevoir la paternité autrement que comme un soutien du maternel, et la façon dont il l'envisage est, ainsi, par avance vouée à l'échec.

Ces hommes sont souvent des époux fidèles et travailleurs qui ont désiré leurs enfants, mais sans se démarquer d'un modèle qui est celui de leur enfance et dans lequel la mère était le seul gouvernement. Ils ne peuvent donc imaginer qu'un enfant puisse avoir besoin d'autre chose que d'une mère et ils y tiennent au plus profond de leur chair. Car le seul bénéfice qu'ils aient pu retirer de leur propre enfance est d'avoir été, pour la leur, plus importants que ne l'était leur père.

Travaillant ainsi comme des forçats sur la lancée où, enfant, ils rendaient maman heureuse en étant brillant à l'école, ils ne se rendent même pas compte que, dans leur foyer, ils se limitent à suivre leur épouse sur le mode où, enfant, ils suivaient leur mère. Et marchant ainsi avec elle, comme un seul homme, dans la croyance que la mère est toute et irremplaçable, ils en arrivent très vite à restreindre la fonction paternelle à un rôle de grand frère ou de baby-sitter.

Prisonniers d'une impasse qu'ils ont eux-mêmes installée, certains glissent alors dans la déprime. D'autres explosent dans d'effroyables colères qu'ils n'arrivent pas, eux-mêmes, à s'expliquer. Ils peuvent aussi se mettre à prendre l'enfant en grippe, le considérer soudainement comme un vulgaire rival, un voleur de femme, et voir en lui la source de tous leurs malheurs. Ils revivent alors, très souvent, mais sans pouvoir s'en rendre compte, un drame qu'a déjà vécu leur père. Dans tous ces cas, il leur est impossible de comprendre ce qui leur arrive sans une aide extérieure. Car, s'étant eux-mêmes dépossédés de leur rôle de père, ils ne peuvent pas plus trouver en eux qu'en leur épouse une pensée permettant de rétablir ce à quoi sert un père.

Ceux qui échappant à de tels drames le font en s'acharnant à faire tenir le modèle de leur enfance. Mais lorsqu'ils arrivent, eux, à ne pas en souffrir, c'est d'une façon beaucoup plus grave que leurs enfants en pâtissent.

Pour ne pas risquer de considérer l'enfant comme un rival ou un obstacle à leur vie sexuelle, ils voient en lui le seul être capable de combler la mère. C'est alors qu'ils lui délèguent la tâche de satisfaire la libido de leur épouse. Persuadés que la mère est le seul autre de l'enfant, qu'elle est toute et irremplaçable, non seulement ils ne s'attribuent plus aucun rôle dans la santé et l'évolution de leur enfant, mais, chose à mon sens beaucoup plus grave, ils se comportent comme les cerbères de cet invisible inceste qui emprisonne l'enfant dans l'élasticité utérine de sa mère. Défenseurs inconscients d'une loi par laquelle ce ne sont plus les pères mais les enfants qui sont responsables de la satisfaction sexuelle des mamans, ils deviennent les premiers garants de cette forme clandestine de l'inceste qui étouffe l'enfant. A la moindre révolte, ils le renferment dans l'emprise maternelle en lui assenant brutalement un : « N'as-tu pas honte de faire pleurer ta mère ! »

Qu'on situe la source de la prison mentale dans laquelle est alors enfermé l'enfant, comme Aldo Naouri dans la « propension naturelle à l'inceste » avec laquelle toute mère aurait à faire, ou qu'on la renvoie aux méandres de l'enfance des pères comme je le fais ici, la perversion parentale se présente toujours comme un déni de l'écoulement du temps, une sournoise tentative pour l'immobiliser, un irrésistible refus de le voir s'écouler, ou la peur de ne plus pouvoir, en dehors de l'enfant, savoir que l'on est bien devenu adulte. Un déni, c'est-à-dire le refus de considérer en face quelque chose d'évident pour tous les autres, et cela afin de ficeler l'enfant dans l'éternel présent du plaisir qu'il procure. Un déni d'autant plus inaltérable qu'il se veut légitime, mais dont l'effrayante fermeture incestueuse se laisse néanmoins entendre dans ces phrases anodines où à la jouissance absolue d'un : « Jamais, jamais l'on ne se quittera ! » répond l'écho las et fatigué d'un : « Mais n'as-tu pas honte de faire pleurer ta mère ! » Ce qui, pour toute personne extérieure au drame sourd et quotidien de la famille, s'entend comme un : « Fais-la jouir et qu'elle me fiche la paix ! »

VII

IL EXISTE CERTAINES FOIS EN CAS D'URGENCE DES PAPAS QUI PARLENT AVEC LES ANGES

La femme que je reçois aujourd'hui semble n'avoir pris rendez-vous avec moi que pour me remercier d'avoir écrit *L'Ange et le Fantôme*. Elle a déjà longuement consulté un psychanalyste aux conceptions proches des miennes pour l'épilepsie de Fabrice, son jeune fils. La thérapie de l'enfant ayant mis fin aux crises d'épilepsie [1], elle se proposait de poursuivre, seule, le travail entrepris avec ce collègue, lorsque l'idée lui vint de me consulter.

– En lisant *L'Ange et le Fantôme*, me dit-elle, j'ai trouvé ce qui a, je crois, pas mal aidé Fabrice à se débarrasser de son épilepsie. J'ai découvert que sa première crise d'épilepsie était survenue à la date anniversaire de la mort d'un frère de maman. Quelqu'un que je n'ai jamais connu ! Il est mort alors qu'elle était enfant ! Et, en continuant à explorer les dates, je me suis rendu compte que Fabrice s'était incarné ou que j'étais devenue fertile – je ne sais pas dans quel sens il faut le prendre – pour la date anniversaire de la naissance de ce petit frère de ma mère, mort dans l'enfance.

Faire naître ou concevoir un enfant à la date anniversaire de la mort d'un proche parent dont sa famille n'a pu faire le deuil est quelque chose de beaucoup plus fréquent qu'on ne le croit. Le premier article que j'ai lu, traitant de ces troublantes répétitions, remonte déjà à plus de quinze ans [2] et cela est

1. Voir à ce sujet : Lucien Melèse, « Epilepsie et psychanalyse », *Psychanalyse à l'université*, t. I, n° 2, Editions Réplique, Paris, 1976.

2. Monique Bydlowski, « Les enfants du désir, le désir d'enfant, dans

aujourd'hui connu. Ces répétitions de dates signalent assez souvent l'existence d'un *fantôme*, c'est-à-dire la présence d'une *entité mentale parasite* se transmettant « d'inconscient à inconscient, dans les relations de filiation [1] », et faisant dans ce cas que les traumatismes et les secrets des mères se transmettent inconsciemment à leurs filles, pour ne se révéler que dans l'acte même de procréer. Mais en provoquant alors, souvent, des troubles très graves.

A l'époque où je l'ai découvert, cette dimension souterraine des transmissions mère-fille était pour moi d'autant plus étrange que, d'une façon générale, les filles semblaient plus résistantes à la psychose. Je l'avais constaté dans l'hôpital où je travaillais. La psychose de l'enfant touchait plus fréquemment les garçons que les filles. C'est pourquoi, cherchant à en percer le mystère, j'en parlais à Françoise Dolto en lui demandant ce qu'elle en pensait.

« L'homme, me répondit-elle, est d'une façon générale, beaucoup plus fragile que la femme. Si l'on s'en tient aux statistiques de l'Inserm, il attrape plus facilement toutes les maladies, ce qui bien sûr ne répond pas à ta question. Pour ma part, je pense que c'est une question de castration. Le sexe du garçon étant visible, il a d'une façon beaucoup plus impérative que la fille besoin de savoir à quoi il sert dans la reproduction. Or, s'il a une mère qui reste homosexuellement fixée à la sienne et boude sexuellement son mari, et si son père, au lieu de s'imposer comme le géniteur de son fils, préfère disparaître en le laissant à la seule charge de sa mère, le garçon ne peut plus comprendre à quoi sert son sexe et il court le risque de sombrer dans la psychose. Alors que dans la même situation, la fille qui n'est pas encombrée par un sexe aussi différent de celui de sa mère s'en arrange plus ou moins. Si

sa relation à l'inconscient », *Psychanalyse à l'université*, t. IV, n° 13, Editions Réplique, 1978.

1. Je reprends ici les termes de Nicolas Abraham qui a conceptualisé le *fantôme* dans Nicolas Abraham, Maria Torok, *L'Ecorce et le Noyau*, Aubier-Flammarion, 1978.

sa mère ne lui permet pas de vivre une rivalité œdipienne normale prenant son père pour objet, elle se construit dans la névrose. La psychose est donc plus fréquente chez les garçons, mais la névrose l'est plus chez les filles. Chez elles, les choses se passent de façon beaucoup plus souterraine. Dans le même contexte familial, l'absence de structuration œdipienne de la fille est beaucoup moins visible, moins encombrante que pour le garçon. En devenant névrosée, la fille étouffe tout ce qui risque de blesser sa mère. Elle ne s'y heurte pas aussi dramatiquement que le garçon. Elle refoule plus facilement que lui une situation pathogène, mais celle-ci risque alors de ressortir d'autant plus violemment au moment où elle aura à faire un enfant. La psychose infantile touche plus les garçons, mais la psychose puerpérale [1] est plus fréquente chez la femme. »

Qu'il s'agisse, en effet, de simples dépressions ou de bouffées délirantes plus spectaculaires, les troubles mentaux, surgissant à la suite d'une naissance, sont apparemment plus fréquents chez les femmes que chez les hommes. Chez eux, ils apparaissent généralement plus tôt, à l'annonce d'une grossesse qu'ils n'attendaient pas, ou pendant la grossesse, mais ils ont surtout très peu été étudiés, comme nous l'avons vu à propos de la couvade. Chez la femme, en revanche, c'est très souvent l'accouchement qui les révèle. Considérons cela de plus près.

Pendant la gestation, le ventre maternel est seul responsable de la construction corporelle de l'enfant. La naissance inaugure une nouvelle construction, celle de son psychisme qui implique aussi le père. L'autonomie mentale qu'acquiet peu à peu l'enfant dépend, dès sa naissance, de l'identification à la personne avec laquelle sa mère l'a mentalement conçu. Ce qui signifie par exemple que, pour comprendre les processus mentaux faisant qu'un bébé devient psychotique, il faut non seulement nous pencher sur la façon dont celui-ci s'identifie à sa mère, mais aussi, et surtout, sur ce qui, l'identifiant à sa

1. Troubles mentaux surgissant après une naissance.

grand-mère maternelle, l'empêche de pouvoir s'identifier à son père.

Les troubles mentaux qui surgissent à l'annonce ou à l'arrivée d'un enfant proviennent de ce changement de registre impliquant le père. Qu'ils soient, chez l'homme, provoqués par l'annonce d'une grossesse qu'il n'attendait pas, ou qu'ils surgissent chez la femme dans les suites de l'accouchement, dans les deux cas, ils signalent l'angoisse inconsciente de ne pas pouvoir permettre à l'enfant de s'identifier à quelqu'un d'autre que sa mère. Ils expriment la peur de ne pas être capable de lui accorder le droit de s'inscrire dans les structures mentales des deux parents auxquels il lui faut dès lors s'identifier pour construire ses propres structures mentales. Chez les hommes, ils renvoient, comme on l'a vu, à leur père. Ils expriment une panique inconsciente, liée à l'idée qu'un enfant puisse s'identifier au vide paternel qu'ils ressentent en eux-mêmes. Ils dénoncent un manque personnel de père, alors que chez les femmes, les dépressions et délires qui succèdent à l'accouchement sont le plus souvent dus à un *fantôme grand-maternel* qui, à l'image de la fée Carabosse, semble vouloir leur interdire tout droit à être mère.

Le *fantôme* qui provoque de tels troubles provient alors, assez souvent, d'un secret maternel ayant impliqué le sexe, la folie ou la mort de façon traumatique. Quelque chose que leur propre mère a voulu oublier, mais qui est resté inscrit au plus profond d'elle-même. Un drame qu'elle a tenté d'effacer, mais qui, l'ayant, en fait, torturée toute sa vie s'est, pour cette raison, inconsciemment transmis à sa fille.

Nous parlions souvent avec Françoise Dolto, de ces transmissions-fantômes qui sont incontournables d'un point de vue clinique. Elle avait préfacé le seul livre que j'avais écrit à l'époque et bien qu'il soit entièrement consacré au rôle prépondérant des transmissions généalogiques dans l'éclosion de la psychose, pour les freudiens que nous étions tous deux, la conception transgénérationnelle de l'inconscient était souvent aussi difficile à admettre qu'à expliquer.

Pour se faire une idée des difficultés qu'ont pu poser et que posent encore souvent aux analystes freudiens la reconnaissance du rôle des transmissions d'inconscient à inconscient dans la construction de l'enfant, il faut considérer que les mots « grand-père » et « grand-mère » sont absents de toute l'œuvre théorique de Freud.

Freud n'a, en effet, pas voulu prendre en charge la dimension généalogique de l'inconscient. C'est une question qu'il s'est posée tout au début de ses recherches. Notamment dans les lettres qu'il écrivait à son grand ami de jeunesse, Wilhelm Fliess. Mais, après qu'il eut architecturé sa théorie, il a radicalement rejeté cette façon de considérer la maladie mentale. Et, lorsque, des années plus tard, Lou Andréas-Salomé l'interrogea sur cette question, il lui répondit que c'était « là un point, espérait-il, qu'il ne lui sera pas nécessaire d'aborder de son vivant [1] ». Il en a refusé l'idée, pour des raisons tout à fait personnelles [2], et la seule chose qui en tienne lieu dans son œuvre est le concept de *surmoi*.

Dans une sorte de rejet, plus inconscient que conscient, Freud a ainsi tourné le dos à la tradition juive dont il était issu, puisque la Bible considère, bien au contraire, que le fondement même de la spiritualité humaine, mais aussi de toutes ses difficultés, réside dans le fait que les défauts de structuration mentale des parents peuvent se transmettre à leurs enfants et contaminer leurs descendants « sur trois ou quatre générations [3] ». De ce fait, il a refusé de voir que l'incapacité des parents à parler de la sexualité et de la mort, tels qu'ils ont eu à les rencontrer et les vivre, pouvait perturber leurs enfants. Ce qui fait que la théorie freudienne ne considère pas que le silence des parents concernant leurs propres traumatismes puisse se transmettre à leurs enfants sous forme de *fantôme*. Pour lui, l'inconscient se constitue à partir des

1. Lou Andréas-Salomé, *Correspondance avec Sigmund Freud*, Gallimard, Paris, 1970, p. 400 à 402.

2. Ceux qui souhaiteraient en savoir plus sur cette question pourront se reporter à mon livre *Hantise et Clinique de l'Autre*, *op. cit.*, chap. IV, VI, VII et IX.

3. Exode, 20, 5, *op. cit.*

« vécus oubliés » de la petite enfance, ce qui exclut que celui des parents et des autres figures tutélaires puisse jouer un rôle dans la constitution d'un inconscient posé, pour cette raison, comme individuel.

Très succinctement décrit, voilà donc, ce qu'un certain nombre d'auteurs [1], dont je fais partie, ont remis en cause. Ces psychanalystes, dont la plupart ont travaillé sans se connaître, proposent, chacun à leur façon, une conception de l'inconscient non plus individuelle, mais généalogique ou transgénérationnelle. Comme Freud, ils considèrent que l'inconscient est constitué de « vécus oubliés », mais ils y ajoutent ce que leurs clients leur ont fait constater : que ces « vécus oubliés » peuvent autant concerner l'histoire de la personne que celle de ses parents ou de ses ancêtres. Dans ce cas, les souffrances de nos clients ne proviennent pas des événements oubliés de leur enfance, mais d'un *secret* impliquant l'un ou l'autre de leurs proches parents, un drame qui leur a été caché, mais qui, néanmoins, soudainement, les hante, en parasitant leurs structures mentales, comme dans le cas que me raconta alors Françoise Dolto qui est celui de cette mère qui, sombrant dans le coma après avoir mis au monde une petite fille, percevait son corps aussi plat qu'une feuille de papier.

Un jour, Françoise Dolto reçoit le coup de fil affolé d'un de ses anciens clients qui l'appelle en urgence. Quelque temps auparavant, sa femme a mis au monde leur deuxième enfant. L'accouchement s'est plutôt bien passé. Mais, au petit matin, il la quitte pour aller chercher leur fils aîné. Il repasse, avec lui, voir la mère et la fille qui vont alors toutes deux bien. Il accompagne son fils à l'école et revient à la clinique, pour apprendre que sa femme est entrée dans un état convulsif et

1. Les plus connus étant : Nicolas Abraham et Maria Torok, *op. cit.* Anne Ancelin Schützenberger, *Aïe, mes aïeux !* Epi, La Méridienne, 1993. Jean Guyotat *Mort/Naissance et filiation*, Masson, Paris 1980. Lucien Melèse, « Epilepsie psychanalyse », *op. cit.*, « Voie royale ou forêt vierge », *Patio*, n° 2, Paris 1984. Alain de Mijolla, *Les Visiteurs du Moi*, Les Belles Lettres, Paris 1981. Claude Nachin, *Le Deuil d'amour*, Editions universitaires, Paris 1989.

que, malgré les soins qu'on lui porte, elle est en train de sombrer dans le coma. Sans décoller de l'endroit, il attend de pied ferme et, quarante-huit heures plus tard, le réanimateur lui apprend que même si on la tire de là, ce ne sera probablement pas sans séquelles, qu'elle restera paralysée au moins des deux jambes. Envahi par un violent état de haine contre la vie et l'impuissance de la médecine, il se sent devenir fou et reprend rendez-vous chez son psychanalyste.

Lui annonçant qu'il ne restera pas avec une femme infirme « qu'il la tuera plutôt », il arrive chez Françoise Dolto dans « un incroyable état d'agitation [1] ». Il lui relate le drame et lui raconte qu'alertés ses beaux-parents sont arrivés à la clinique, mais que sa belle-mère est restée dans le couloir, refusant énergiquement de voir sa fille. Gêné de l'attitude de sa femme, son beau-père « a alors révélé à son gendre, l'histoire de la naissance de leur fille : celle-ci était l'aînée de quatre enfants, deux filles et deux fils. A sa naissance, sa mère s'est mise à la détester et en a fait une véritable phobie. Il en a été de même pour le deuxième enfant, une fille aussi. Au contraire, elle avait aimé dès le premier jour, allaité et élevé ses troisième et quatrième enfants, deux garçons. Ses deux enfants aînés, les deux filles, ont dû être élevées chacune sans voir leur mère jusqu'à l'âge de la marche [2] ».

A cette époque où nul n'osait le croire, Françoise Dolto pensait déjà que lorsqu'on parle à quelqu'un qui est dans le coma, « la parole passe sans que nous ne sachions pourquoi [3] ». Après avoir écouté cet homme, elle lui conseilla donc tout d'abord d'aller manger et dormir, ce qu'il n'avait pas fait depuis l'accouchement, pour ensuite retourner auprès de sa femme et lui raconter l'histoire de sa naissance telle que la lui avait racontée son père. Ainsi fit-il, et dans les quelques heures qui suivirent, son épouse sortait du coma sans aucune séquelle.

1. Françoise Dolto, *Séminaire de psychanalyse d'enfant*, t. I, Seuil, Paris, 1982, p. 115.

2. Françoise Dolto, *op. cit.*, p. 115 et 116.

3. *Op. cit.*, p. 116

Revenant à elle, elle voulut tout d'abord voir sa fille. Puis elle dit à son mari : « Je ne sais pas si j'ai rêvé, ou si c'est bien toi qui m'a raconté ma naissance. J'ai tout de suite compris que c'était à cause de cette histoire que j'ignorais que je n'avais pas le droit d'avoir cette petite fille. Alors, je me suis échappée du coma. » Elle lui raconta qu'elle « se voyait » alors, « dans un coin du plafond », d'où elle « observait son mari et le réanimateur penchés au-dessus d'une forme humaine aussi plate qu'une feuille de papier, sans savoir que c'était son corps. Au moment où son mari s'est mis à lui expliquer sa venue au monde, elle a ressenti une vive douleur, en même temps qu'elle se sentait rentrer par le sommet du crâne dans cette forme raplapla, en la regonflant. Elle est alors rentrée dans un noir très douloureux et c'est de là qu'elle est sortie en se réveillant[1] ».

Cette histoire illustre à quel point les secrets des mères peuvent se transformer d'une génération à l'autre, en de redoutables *fantômes.* En un sens, elle nous concerne tous, car lorsque les secrets maternels portent sur des événements de la sorte, il est quasi inévitable qu'ils se transforment en *fantômes* qui soit parasitent la génitalité des femmes, soit perturbent le développement de leurs enfants. Et, dans les deux cas, souvent très gravement.

Les perturbations de la construction sexuelle sont, dans l'enfance, moins apparentes chez les filles que chez les garçons. Elles inquiètent donc beaucoup moins les mères.

Confrontées aux dangers que représente obligatoirement pour elles la *mère antérieure* qui réglemente le style avec lequel la leur appréhende leur devenir sexuel, les filles se réfugient plus aisément que les garçons dans une névrose qui, invisible tout au long de l'enfance, masque d'autant mieux leurs troubles sexuels. Ce genre de *fantôme* peut donc chez elles sommeiller longtemps, pour ne se réveiller qu'au moment où elles auront à donner la vie. Il risque alors de s'exprimer d'une façon d'autant plus spectaculaire qu'on

1. *Op. cit.*

l'aura jusqu'ici ignoré. Il peut provoquer des fausses-couches, des grossesses extra-utérines ou toutes sortes d'accidents puerpéraux aussi incompréhensibles que celui-ci. C'est alors, comme dans ce cas, le corps féminin qui, usant de tous les mystères de l'hystérie, semble être seul capable d'en dénoncer la présence.

La femme atteinte de tels symptômes a été une enfant qui, confrontée au mur de silence protégeant les secrets de sa mère, s'est structurée, sur un mode semblable à celui de Marie, dans une névrose hystérique. Invisible tout au long de l'enfance, celle-ci ne se révèle qu'avec l'activité sexuelle. En revanche, si elle s'est structurée, enfant, dans une solide névrose obsessionnelle qui limite le monde au seul territoire déjà balayé par sa mère, comme madame Blavent ou madame de Montalenvert, elle est beaucoup moins sujette à de tels accidents. Elle adopte une conception du féminin où l'on s'y soutient en étant avant tout le « jules » ou la « julie » d'une autre, et cela la protège de tout débordement hystérique.

Les *fantômes grands-maternels* dérangent donc rarement ces femmes. Mais c'est alors, d'une façon beaucoup plus sournoise et invisible, qu'ils peuvent porter atteinte à l'intégrité mentale de leurs enfants, comme nous l'avons vu tant avec Richard qu'avec Claude. S'opposant au père et lui déniant toute place, le fantôme de la grand-mère maternelle apparaît ainsi dans la plupart des cures d'enfants comme le seul vrai responsable des troubles psychotiques pour lesquels on nous consulte.

Dans le cas de ce coma puerpéral, la catastrophe engendrée par le secret maternel est d'autant plus violente que le *fantôme* concerne aussi le vécu infantile de cette femme. En lui cachant le drame qu'avait été sa naissance, ses parents ont voulu effacer le traumatisme vécu par sa mère. Or, ils ont aussi effacé ce qu'elle a vécu, elle, bébé, lorsque, séparée à la naissance, elle l'a perdu jusqu'à l'âge de la marche. Voilà ce qui explique la violence avec laquelle ce *fantôme* se manifeste. Il remet en scène ce qu'a vécu sa mère en lui donnant naissance, mais la violence avec laquelle il la fait alors, elle-même, disparaître, évoque les prouesses mentales que doit, dans un tel cas, accomplir l'enfant pour rendre inexistant son propre vécu.

Cette femme sombre dans le coma au moment où elle se retrouve seule avec son nouveau-né. Au regard de cette répétition transgénérationnelle qu'est la naissance, le risque où la met ce face-à-face avec un « bébé-fille » est de s'identifier à elle et, ce faisant, de retrouver une époque de sa vie effacée du langage. Ce face-à-face opérant un télescopage des temps et des époques, elle se retrouve *hantée*, saisie par quelque chose qu'elle a vécu sans avoir le droit de le savoir, prisonnière d'un « vécu fantôme » qui la force à reproduire ce qu'a vécu sa mère à sa naissance à elle. Et, la répétant, elle disparaît. Non pas comme sa mère, dans la folie, mais dans quelque chose d'équivalent : cet incompréhensible coma.

Les *fantômes grands-maternels* sont incontournables dans la génitalité des femmes. Ils le sont au point où les menaces de destruction qu'ils représentent, dans la construction sexuelle des filles, est le principal thème des contes pour enfants traitant des difficultés que rencontrent les petites princesses pour pouvoir atteindre leur maturité sexuelle.

Dans l'histoire de Blanche-Neige, c'est un fantôme de cette sorte qui, prenant les trait d'un mauvais génie, apparaît dans le miroir magique où se mire sa méchante belle-mère. Le conte ne dit pas que cette « très méchante maman » souffre de n'avoir pu se structurer, enfant, que comme le « jules » de la sienne. Il l'exprime d'une façon beaucoup plus crue en nous la montrant qui, désespérée, dialogue avec un double masculin.

Dans les contes, le pouvoir destructeur des marâtres est toujours associé à ce qui les rend laidement masculines et les oppose à la féminine beauté de l'enfant. La marâtre évoque ainsi toutes les vieilles dont la névrotique noirceur hante les familles. Ces vieilles femmes névrosées que Françoise Dolto décrivait comme des « carabosses, mal aimées, mal aimantes » qui, vieillissantes, deviennent « un danger réel » pour leur descendance féminine, qu'elles « haïssent » sans autre but que « de continuer à se sentir puissantes ». « Monstres sacrés, dans certaines familles riches », où les hommes brillent avant tout par leur mort et où elles incarnent « l'ancêtre substituant que valorisent ses biens convoités », elles tyrannisent leurs descendants, menant « la danse comme les sorcières de Macbeth, craintes, haïes et vénérées, perverses et pervertissantes de ceux qui, par éducation, doivent les respecter et, avec elles, toutes les valeurs mortes [1] ». Mais confrontées, comme la marâtre de Blanche-Neige, à la solitude du miroir, peuvent-elles découvrir sous leurs traits vieillissants autre chose que le reflet ricanant et fantôme de l'homme que, malgré leurs efforts, elles n'ont jamais pu être pour leur propre mère ?

La dimension outrageusement masculine du *fantôme grand-maternel* apparaît tout aussi clairement dans l'histoire du Petit Chaperon rouge qui, rendant visite à sa grand-mère, découvre, peu à peu, qu'elle s'est transformée en un redoutable loup. La transformation de la grand-mère en loup prend source dans la mythologie qui règne autour de cet animal. Dans celle, par exemple, de la fondation de Rome par Romulus et Remus, où c'est une louve qui, en nourrissant ces deux orphelins, est à l'origine de la création de la ville. Les très nombreuses histoires d'enfants loups ont fait de ce mammifère l'un des rares animaux susceptible de remplacer la mère lorsque celle-ci a disparu. Or, quel est l'être le mieux placé pour remplacer une mère lorsqu'elle a disparu, si ce n'est sa propre mère ? Les dangers de destruction que représente le *fantôme grand-maternel* sont ainsi représentés comme le risque de dévoration que fait courir à la fille le ventre de la grand-mère, dès qu'il cherche à se substituer à celui de sa mère pour lui ravir l'enfant.

La Belle au bois dormant, plongée dans un sommeil sans fin par les charmes maléfiques de la vieille Carabosse, est une autre version des redoutables dangers que les *fantômes grands-maternels* font courir aux petites princesses. Or ce conte n'est pas sans évoquer le cas de cette femme qui tombe dans le coma à la naissance de sa fille. Il l'évoque non

1. Françoise Dolto, *Sexualité féminine*, Scarabée & C°, Paris, 1982, et Gallimard, Paris, 1996, p. 117.

seulement par la profondeur innommable du précipice dans lequel elle sombre aussi soudainement que la jeune princesse endormie, mais il l'évoque aussi du fait que c'est l'amour non pas du Prince charmant, mais de l'époux qui dissout ce redoutable *fantôme*.

Cette histoire ne pouvait me laisser insensible. Dans mes deux premiers livres, j'ai longuement expliqué comment la clinique du *fantôme* demande parfois aux thérapeutes de savoir dialoguer avec un ange. Or cette histoire est celle non pas d'un thérapeute, mais d'un papa qui, pour venir à bout d'un terrible fantôme, découvre ce que signifie pour moi parler avec les anges.

Le fantôme est un représentant des ténèbres. Dans toutes les cultures, il représente quelqu'un ou quelque chose qui n'arrive pas à mourir ou à disparaître. De nombreuses histoires et légendes lui attribuent la responsabilité de la mort subite et sans raison apparentes des nouveau-nés, dont il rapte les âmes pour pouvoir échapper à la solitude où croupit la sienne, ou s'en sustenter.

L'ange est *a contrario* un messager du ciel, de la lumière et du Verbe. Il préside à l'incarnation de l'enfant ou veille sur sa gestation. Il est son guide ou son gardien. Celui à qui revient la charge de le protéger des esprits maléfiques, des âmes errantes ou des fantômes qui pourraient lui ravir la sienne. Or, ce sont les enfants psychotiques qui, les premiers, m'ont montré que la réalité transgénérationnelle de l'inconscient était incontournable dans la construction mentale des êtres humains. C'est avec eux que j'ai découvert les ravages que pouvait opérer le fantôme d'une grand-mère ou d'une arrière-grand-mère, dès que celui-ci vise à reléguer le père de l'enfant au rôle d'accessoire ou lui ravir sa place. L'*ange* est donc pour moi un concept indissociable de celui de *fantôme*, qui représente, résume ou conceptualise tous les phénomènes bizarres, étranges ou inexplicables qui, surgissant d'une façon inattendue dans le travail avec les enfants, m'ont permis d'y dépister un *fantôme*.

Lorsque les troubles mentaux d'un enfant proviennent d'un secret dont nul ne parle et qu'il est, lui-même, de surcroît mutique, c'est en effet souvent parce qu'une information nous arrive d'un endroit où nul ne l'attendait que quelque chose va pouvoir se passer et se dénouer. Cette information qui, telle un *ange*, éclaire soudainement ce qui, jusqu'alors, restait totalement opaque provient de quelqu'un ou de quelque chose à quoi l'on ne s'attendait pas. C'est par exemple, comme je le raconte dans *L'Ange et le Fantôme*, le rêve que m'amena le jeune frère d'un adolescent autiste, auquel lui-même ne comprenait rien, mais qui me permit de trouver le *fantôme* qui avait condamné son aîné à la forme la plus achevée de la psychose [1].

Cette information indispensable à la poursuite du travail peut aussi provenir, d'une façon encore plus surprenante, de ses propres structures mentales. C'est dans ce cas le thérapeute qui est l'objet de phénomènes mentaux extrasensoriels, télépathiques ou empathiques, qui s'expriment de différentes façons, en fonction de sa propre structure. Par exemple, lui faire faire un rêve, dont il est le premier surpris et qui éclaire ce que, depuis de longs mois, il n'arrivait pas à comprendre de son client.

Les anges et les fantômes sont présents dans toutes les cultures. Ce sont des figures allégoriques qui représentent des phénomènes mentaux inexplicables ou bizarres, mais qui ont existé de tous temps et dans toutes les sociétés. L'ange est un messager de lumière et de Verbe. Il est donc logique de le considérer comme le représentant des pensées qui nous illuminent, mais ne le font pas sans nous bouleverser. Et comme cet être immatériel délivre le plus souvent ses messages à travers des rêves, des visions ou des hallucinations, l'*ange* représente ou conceptualise, ce qui est, à mon sens, la première et seule vraie difficulté du métier de psychanalyste, celle où, pour pouvoir comprendre l'inconscient de nos clients, il nous faut tout d'abord savoir travailler avec le nôtre.

Dans le cas raconté par Françoise Dolto, l'*ange* apparaît dans cette *information* qui, transmise d'un père à son gendre, passe par le bureau d'un psychanalyste avant de pouvoir être

1. Cas de Jean-Michel Lebois, *op. cit.*, p. 52 et s.

restituée à celle qui en souffre et la dégager de la *terrible absence de mots* dans laquelle elle s'est engouffrée. L'époux de cette femme est, de ce fait, dans la même situation qu'un jeune thérapeute prenant rendez-vous chez un confrère contrôleur [1], afin d'y affûter les armes qui lui permettront de débusquer un *fantôme*. Ce père consulte, en effet, celle qui a été son psychanalyste, mais il ne le fait pas pour lui-même. Son analyse personnelle est terminée. Il la consulte pour sa femme, et le fait en courant après le miracle qui pourrait la sortir du coma où elle a sombré. Est-il fou d'attendre de la psychanalyse une chose aussi invraisemblable ?

Certes pas, nous dit la suite de l'histoire, mais à condition qu'il puisse, comme un thérapeute, savoir se servir de l'*ange* avec lequel il viendra à bout du *fantôme*, c'est-à-dire savoir quoi faire de l'*information* dont, par l'entremise d'un autre père, celui de sa femme, il se retrouve porteur.

Qu'il en soit ou non conscient, ce père assume donc pour son épouse la position d'un psychanalyste en installant le sien dans celle d'un analyste contrôleur. Il arrive à son rendez-vous dans « un incroyable état d'agitation ». N'est-il pas alors dans un état semblable à celui d'un jeune psychanalyste bouleversé par la folie de ceux qu'il reçoit qui, après les avoir entendus sans broncher lui raconter les pires horreurs, s'effondre chez celui qui supervise son travail, en lui avouant que ce métier est au-dessus de ses forces ? Que se passe-t-il lorsqu'un confrère nous consulte parce que ce qu'il entend le plonge dans la colère, la dépression, le désespoir ou toute autre réaction faisant partie de celles qu'il faut justement savoir maîtriser dans ce travail ? Il le fait, car la dimension passionnelle ou morbide de sa réaction lui signale que son inconscient réagit, en quelque sorte, plus vite que son conscient, et fonctionne, de ce fait, comme une résistance à comprendre et savoir interpréter ce dont on lui parle.

Ici, l'agitation avec laquelle cet homme se présente à son

1. On appelle un contrôleur le psychanalyste qu'on consulte lorsque, faisant soi-même ce métier, on éprouve le besoin de parler avec un autre du travail qu'on effectue avec ses propres clients.

rendez-vous signale quelque chose de similaire. Elle signale une turbulence inconsciente liée à l'*ange*, à l'*information* dont il est porteur, et dont il ne perçoit pas encore la dimension salvatrice. C'est néanmoins ce qui permet à Françoise Dolto de débusquer un *fantôme*. Percevant une *terrible absence de mots* à l'œuvre dans cette lignée, elle lui indique le chemin par lequel l'*ange*, l'information dont il est porteur, va pouvoir la dissoudre.

Gardons-nous bien toutefois d'attribuer la responsabilité de ce drame à l'un ou l'autre de ses acteurs. Il s'agit dans ce cas, comme dans la plupart des troubles puerpéraux, d'un *fantôme*. Il ne s'agit donc pas d'une pathologie individuelle, mais d'une *pathologie de lignée* et il faut alors fermement se garder de l'attribuer à quelqu'un en propre. L'erreur fondamentale aurait été ici d'en responsabiliser la mère de cette femme, ou de croire qu'en refusant de voir ses filles avant qu'elles ne soient en âge de marcher cette mère aurait désiré les voir disparaître. Non, si cette femme n'a pu se comporter autrement qu'en délirant à la naissance de ses deux filles, cela provenait déjà pour elle d'une *terrible absence de mots* revenant à la naissance de ses filles. Le *fantôme* était déjà là à la génération précédente et c'est lui qui la rendue à ce point phobique de ses filles.

Ainsi, si son client avait voulu trouver les clefs de cette histoire sans paroles, Françoise Dolto aurait dû l'engager à aller en chercher les *mots manquants* dans les premières années de la vie de sa belle-mère, si ce n'est dans celle de sa propre mère ou de sa grand-mère. Là, n'était bien sûr pas le propos, puisque cet homme ne la consultait pas pour les troubles mentaux de sa belle-mère, mais pour l'état dans lequel avait sombré sa femme. Françoise Dolto l'engage donc à assumer jusqu'au bout ce que lui dicte son inconscient. Elle lui conseille de retourner à la clinique pour restituer à celle qui est dans le coma les *mots manquants* des premières années de sa vie.

Telle est la clef du miracle de la résurrection. Le Prince charmant ayant trouvé la voie par laquelle s'exprime l'*ange*, la Belle endormie émerge des brumes opaques où elle avait sombré.

POST-SCRIPTUM

Février 1999.

Dans ce livre, je n'ai pas traité du rôle que joue le père dans l'épanouissement mental de l'enfant, de façon exhaustive. Il aurait fallu pour cela aborder plus systématiquement les différentes étapes du développement de l'individu qui ne sont pas pris en compte dans la théorie freudienne de l'œdipe. D'une part, le stade fœtal et la dyade mère-enfant où se construisent les circuits énergétiques dont dépend l'érotisme adulte et sans lesquels la vie fantasmatique reste incompréhensible. D'autre part, les deux cycles de sept ans qui succèdent à l'œdipe, la période de latence et l'adolescence, au cours desquels se construit la dimension sociale et collective de la vie psychique. Ainsi qu'une dimension de l'œdipe que Freud n'a guère pris en compte dans sa théorie : l'intégration du temps et la conscience de la mort. Toutes ces périodes du développement de l'enfant impliquent le père d'une façon cruciale. Loin de le sous-estimer, j'ai préféré y consacrer un prochain livre, plutôt que d'en traiter ici trop sommairement.

Dans celui-ci, j'ai surtout voulu présenter la question du père telle qu'elle apparaît dans les propos de ceux qui se confient quotidiennement à moi, sans en négliger la dimension sociale et politique qui ne concerne qu'indirectement ma propre activité. J'ai cherché à inscrire cet ouvrage dans la continuité de ceux qui, depuis une vingtaine d'années, tentent d'attirer l'attention de leurs contemporains sur l'importance de cette question. Mais comme je souhaitais qu'il puisse offrir des perspectives nouvelles à tous ceux qui sont concernés par le statut du père, je me suis appliqué à mettre l'accent sur un certain nombre de points qui peuvent sembler évidents dès que l'on s'en pose la question, mais qui, malheureusement, ne le sont pas forcément tant pour grand nombre de parents qu'au sein des professions qui prennent en charge la santé de l'enfant. Les deux plus importants sont : que seuls la parole et la *conception immatérielle*, langagière et mentale de l'enfant, permettent de définir en quoi la fonction paternelle est indissociable du statut de l'être humain ; et que, dans le domaine thérapeutique, œuvrer à la santé des familles, celle de l'enfant comme celle de ses parents, implique de comprendre en quoi la vie mentale se transmet d'une génération à l'autre au même titre que la langue et la culture.

La seule chose qui différencie la sexualité de l'homme de celle des autres mammifères est d'être langagière. Or, s'il est évident qu'un enfant se conçoit autant dans un projet, des mots et du désir, que dans un acte sexuel, c'est une réalité que l'on a tendance à négliger de toutes parts. Ce qui est aussi grave que dangereux. Dans une société qui ne réfère le statut paternel qu'à la conception biologique de l'enfant, et non à sa conception mentale, c'est, en fait, tout le registre des sciences médicales, pédagogiques, sociales et politiques qui se retrouve responsable du désarroi d'une jeunesse privée de pères, à laquelle on ne laisse plus d'autre choix que de s'en prendre aux structures juridiques et sociales qui en sont responsables.

En conclure, comme certains, que les effets de la loi de 1970 se perçoivent aujourd'hui à l'ampleur de la délinquance qui explose dans les villes et les banlieues serait sous-estimer que la psychanalyse et les théories du développement de l'enfant qu'elle a générées sont grandement responsables du peu de place que notre culture accorde actuellement aux papas. Comme le constate la sociologue Irène Théry [1], toutes les professions prenant en charge le statut ou la santé de l'enfant

1. Irène Théry, *Le Démariage, justice et vie privée*, Odile Jacob, Paris, 1993.

en appellent plus ou moins à la psychanalyse. Non seulement les thérapeutes, mais également les juges, les médecins, les enseignants, les psychologues, les assistantes sociales ou les conseillers conjugaux. Ces professions ne prétendent aucunement s'approprier un savoir qui n'est pas le leur. C'est néanmoins toujours en s'appuyant sur des données issues de la psychologie qu'elles justifient la dimension humaine de leurs actes. Or, à considérer aussi bien la santé mentale de l'enfant que les conflits parentaux à l'aide d'une théorie de la psyché individuelle et non transgénérationnelle, on ne peut que renvoyer l'enfant à l'un ou l'autre de ses deux parents. Alors que, du point de vue de sa santé mentale, aucun des deux ne peut exister sans l'autre. La seule chose qui soit vitale pour lui est la façon dont ses parents arrivent à continuer à se parler, quels que soient leurs désaccords, leurs conflits ou les divergences de leurs choix de vie.

Table des matières

Cet ouvrage a été composé par
I.G.S. - Charente Photogravure à L'Isle-d'Espagnac (16)

Impression réalisée sur CAMERON par
BRODARD ET TAUPIN
La Flèche

pour le compte des Éditions Hachette Littératures
en novembre 2002

Imprimé en France
Dépôt légal : 33928, novembre 2002
N° d'impression : 15824
23-59-5521-07/2
ISBN : 2-01-235521-8